理由

大人からの進化術

QBS出版

はじめに

ビジネス・スクールと聞けば、発祥地アメリカのハーバード、スタンフォード、バークレーなどのエリート大学を思い起こす人が多いだろう。そこに入学を果たした学生たちは年毎に数万ドルの学費を払い、最低二年を学業だけに専心し、首尾よく卒業すれば、ＭＢＡという学位とステータスを手にいれることができる。日本にも、アメリカを範とするビジネス・スクールが数多く生まれており、ビジネスパーソンのキャリアパスの一つとなった感がある。

この本は九州大学ビジネス・スクールの修了生・在学生の生の声を収録したものである。クロスＦＭのラジオプログラム「ＢＢＩＱ モーニング・ビジネス・スクール」での対談をインタビュアの後藤心平氏が自ら誌上再現し編集した。因みに、九州大学ビジネス・スクールは、学生の九〇％以上が有職社会人であり、平日は夜間のみ、土曜（時に日・祝日）は終日開講する。学生の多くは自らの意志と蓄えで入学を果たし、企業派遣は稀である。学生たちは、仕事と学業の両立に四苦八苦しながら、二～三年を費やして本校を修了し、ＭＢＡとして巣立って行く。

日本の就業環境、日本人の職業観からすれば、働きながら学び、学びながら働く九州大学ビジネス・スクールのような社会人教育が本来の姿とも思える。専業学生に比べれば社会人学生の自習の絶対量は少なくならざるを得ない。しかし、仕事が学びに活き、学びが仕事に活きるのであれば、社会人学生の学習の絶対量は専業学生より多いかもしれない。

『大人からの進化術』は働きながら学び、学びを仕事に活かしたいと願う社会人に送るエールである。登場者の声をビビッドな言葉に再現してくれた編集者の後藤心平さん、ありがとう。そして、誌上参加してくれた九州大学ビジネス・スクールの修了生・在学生の諸君、ありがとう。今、皆さんの顔を一人ひとり思い浮かべています。

二〇〇九年七月

監修者　出頭則行（九州大学ビジネス・スクール教授）

目　次

第3章 経営者の進化術

第4章　公務に従事しながら

第5章　世界とQBS

第6章　技術者とビジネス

第7章　受験・学生生活

第1章　起業した人たち

卒業をきっかけに起業した人
在学中に得た人脈を活かして起業した人
業種も年齢も様々ですが、ＱＢＳを出て活躍する
アントレプレナーたちがいます。

ビジネスって、やってみないとわからない

永里壮一さん
メカトラックス株式会社　代表取締役
（入学時34歳）

九州大学大学院総合理工学研究科修了後、日本電気株式会社（ＮＥＣ）にて通信ＬＳＩの研究開発に従事。その後、ネット系ベンチャーの創業等を経て05年にメカトラックスを創業し現在に至る。福岡市在住。

後藤：ベンチャー企業でロボットを造ろうというのは、どんなところからの発想なんですか？

永里：九州大学の大学院博士課程の学生が人型のロボットを造ってるんですが、全国大会で優勝するなどの実績がありまして、その技術を何とか事業化しようと思ったんです。人型のロボットというとホンダのアシモなどが有名です。あれは技術的には素晴らしいのですが、研究開発とデモンストレーション用の機体であり、実際にビジネスになっているとはいえません。一方、組み立てキットのロボットっていうのは結構あるんですけど、まだ数億円くら

いのマーケットしかないんですね。それじゃあ人型ロボットを造ってどんなビジネスができるのか？といろいろ考えた結果、ゲーム機に使おうということになったんです。

――ゲームセンターにあるようなゲーム機ですか？

そうです。クレーンゲーム機のＵＦＯキャッチャーは有名ですが、クレーンにキャッチさせるんじゃなくて、人型のロボットを歩き回らせて景品を取らせようと考えたんです。実際にそれを試作して幕張メッセの業務用のマシンショーに出展しましたらすごく好評で、現在、それに対する資金調達の話や大手メーカーから一緒にやりませんかという話がきてまして、今後このロボキャッチャーをマーケットに出していこうと話を進めているところなんです。

――ベンチャーを起こしたばかりで、いきなりとんとん拍子ですね。

いや、わたしは初め電器メーカーの半導体のエンジニアをしてまして、そのあとソフトウェア系の企業を一社立ち上げて事業売却したりといろいろと紆余曲折はしています。で、次に何をやろうか探している時に、ビジネス・スクールに入学して、今のベンチャー企業を立ち上げたんです。

――それでは、入学当初は具体的な目的があったわけじゃなかったんですか？

社長業って、それ自体を学ぶという機会は実際にはほとんどなくて、我流でやるしかない

永里壮一さん

ところが多いと思うんです。私も六年ほど我流でやってきたんですが、ここで一度、自分の知識やノウハウを体系的に棚卸ししてみたいなというのがあったんです。経営をやってると、その時には見えなかったりわからなかったりすることが結構ありまして。

――わからなかったことっていうのは具体的にどんなことだったんですか？

経営戦略の大切さですね。日々の業務に追われて、戦略をどう考えるかあまり意識したことがなかったんです。方向性の打ち出し方がはっきりせず、おろそかになっていたところはありますね。

――在学中に起業されましたが、ビジネス・スクールの先生方はフォローしてくれますか？

もちろんです。経営戦略や組織論、財務、法務など、多くのことを学ばせてもらっています。ちょうど今でしたら、外部の金融機関に資金調達を依頼しているので、その事業価値や方向性を投資家とディスカッションする時に大いに役立ってますね。

——それにしても会社を経営しながら学校に通って勉強するって、難しいなあと思ってる方がたくさんいらっしゃると思いますよ。

私は三年間で修了するコースなので、一週間に講義は三コマか四コマくらいなんです。社長業務が多忙なのは事実とは思いますが、逆に社長であれば時間配分も融通が利きますので、そのくらいのペースなら両立は可能じゃないかなと思いますよ。実際私もやってますし。

——そうですか。永里さんを突き動かす原動力って何なんですか？

いろいろ戦略を練ることも大事なんですけど、「この知識がないとダメ」とか「お金がないとダメ」とかはあまり考えずに、楽観的になってやってみることですかね。ビジネスって、実際にはやってみないとわからない世界なんで。

シリコンバレーでの体験が励みに

松清一平さん
株式会社ホスピタブル　代表取締役
（入学時34歳）

九州朝日放送株式会社でテレビ・ラジオ番組制作等を歴任し現職。ＱＢＳでの研究成果を基に、主に韓国を中心にアジアとのウェブ・イベントを通したマーケティング・情報交流事業を行うベンチャー企業を設立し、現在はソウル・釜山・福岡・東京で事業展開中。

後藤：松清さんは以前放送局にお勤めになっていまして、一度仕事をご一緒したことがあるんですが、あの頃、仕事をしながらビジネス・スクールに通ってらっしゃったのですか？

松清：はい。ただ、今だから言えるのですが、会社には内緒で行ってました。

――放送局には何年お勤めに？

トータルで一三年間で、最初はテレビの番組制作をやってました。ＡＤからスタートして、

松清一平さん（右）

皆さんご存知のように、頭を叩かれたり蹴飛ばされたり。そのあとラジオの番組制作を三年半ほどやりまして、次にイベントの企画、運営、それから営業ですね。最後はラジオのＣＭを担当していました。

――幅広く放送の仕事を経験される中で、どうしてビジネス・スクールに通って学ぼうと思われたんですか？

放送の仕事が好きだと思いつつも、放送局の中にいると守られている世界だなあと感じまして。逆にそこが不安だったんです。

――私も放送局に勤めていましたが、たしかにいるだけでどこか安心している部分がありましたね。

ちょうど地上波デジタル放送の話が出てきた頃で、「よくわからないなあ」ってずっと考えてたんです。また時を同じくして、銀行や保険会社、不動産会社に勤めている同級生と酒を飲む機会があって、彼らは「こういう理由でお前の会社は今こんな状態だよ」とか言うんですけど、それがまた全然わからなくて。これはまずいなと思ったんですよ。ただ、一人で勉強するのが苦手なので、人が集って学べる場所を探してたんです。守られていた自分をそこで壊して、もう一度新しい場で自分の能力がどれくらい通用するのかを試したいと思ったんです。その基礎体力作りの場がビジネス・スクールでした。

――残業も多い放送業界にいながらよく通いましたね。

ここだけの話、本当に血を吐く思いでした。勉強する時間が朝しかないんです。どれだけ夜遅く帰っても朝四時半には起きて、五時から最低でも二時間は勉強しないと間に合わなかったです。

――そんな苦しい中、励みになったことはありましたか?

一番はアメリカのシリコンバレーに行ったことです。ずっとカンヅメで勉強しながら、起業された方々の話を聞いたり、また、スタンフォード大学を視察して、そこから生まれた企業のグーグル、アップル、ヤフーなどを一通り見て。その中で、ITが今後どれだけ発達するかというのを体感して、「これは放送業界にいる自分にとっては非常に恐いな」と思ったんです。ところが、彼らの話をよく聞いてみると、「実はいま困ってます」と言うんです。

これだけインターネットが発達して、皆が簡単に情報をとれるようになったんですけど、ある能力がないって言うんです。

――コンピューターがするのではなく、人が何かを創る能力ですか？

そうなんです。まさに今、後藤さんがされている仕事、番組のようなコンテンツがないんですよ。情報のインフラはできていますが、それに何を載っけるのかということですね。映像、音声、あるいは文章などを作る人がいないんです。ＩＴの世界では、子供達に数学や理科を一生懸命やりなさいと言ってきたんですが、二〇〇六年頃からは、それに加えて音楽や美術をやりなさいというふうに変わったんですって。それを聞いて「俺、今まで番組制作やってたし、チャンスじゃん」って調子に乗ってアメリカから帰って来て、「これからはひょっとすると自分の時代になるかもしれない」と勝手に想像して。

――それは大きなヒントを得ましたね。ところで松清さんが入学したのはおいくつの時ですか？

三四歳でした。

――三〇代半ばというと、一つの会社に勤めているといろいろ考える時期ですね。今「どうしようかなあ、何かやってみようかなあ」って考えている人にアドバイスするとしたら？

シリコンバレーの起業家の皆さんが言っていたことなんですけど、「始めることで九九％

は終わっている」。英語で言うと“Better late than never”。韓国語では「ハミョン テンダ（하면된다）」。ほとんどの人は考えるだけでやらない。だから頭で考えるより行動したほうが良いと思います。

――例えば「ビジネス・スクールに行ってみようかな」って迷うより、「行ってみよう」ということですね。

そうです。その一歩を踏み出すことで、目標の九九%が終わっているかもしれませんからね。

海外に行かなくても学べたMBA

池田　博さん
有限会社オーパ！　代表取締役
（入学時40歳）

大手アパレルメーカー勤務後、全く畑違いの飲食業にて起業。代表として多店舗展開ののち、現在、ICT業界へ第二創業中。福岡市在住。63年生。

後藤：池田さんは福岡県で飲食店を三店舗経営されていますが、ビジネス・スクールで学ぶ前から既に二店舗を経営されていらっしゃったんですね。

池田：はい。入学する四年前に開業しました。

――事業を興して四年。軌道に乗ったところで改めてお金をかけて、時間も割いて、勉強することにしたのはどうしてだったんですか？

創業当初からグローバルに展開したいというビジョンがあって、「きちんと学びたい」と考えていました。それと、ビジネス・スクールというとアメリカなどの海外に行かなければ入学できないと思っていましたので、行きたくても機会がなかったんです。それが九州大学で始まるということで思い切って入学したんです。

――「ＭＢＡを取得する」という池田さんの話に、周りの方はどんなふうに反応されてました？

「そんなものお前の仕事じゃ関係ねえだろう」ってはっきり言われました。「それよりも今やることがあるんじゃゃない？」という意見が大半ですね。

――そうでしたか。具体的にどういうことを学びたいという希望があったんですか？

海外展開することの意義であったり、そのことの具体的な方法論であったり。それから英語での授業がありますのでスキルアップですね。それとなんといっても人脈形成ですね。

――実際その希望通りの授業内容でしたか？

どうしてもビジネス・スクールの授業内容ってマクロ的というか、成功事例を含めて大きな物事に関することが多いんです。それを直接使えるかというと使えない部分が大半なので、いかにかみ砕いて今後のトレンドを読む材料にするかという部分では役立つと思います。

――ところで池田さんはどんなお店をやってらっしゃるんですか？

一番新しいお店は「菜食中華」のお店で、高齢化社会がさらに進んで食生活が変化するこ

池田　博さん

となどを見据えて、全て野菜で作る中華の精進料理のようなものを提供しています。高カロリーじゃなくて低カロリーで体に優しいいんだけど、やっぱり脂っこいものを食べたいという方のニーズに応えたいと考えました。日常食じゃないですけど、頻繁に食べられる新しい中華です。

――野菜だけを使った中華ですか。これは聞いたことないですね。

中国ではそういう料理があるんです。ただ、それをそのまま持ってくると、味など難しい部分があるんで、日本のトレンドのマクロビオティックをふんだんに取り入れました。

――マクロビオティックと聞くと、高齢者だけじゃなくて女性も飛びつきそうですね。ところで、前職がアパレル関係のお仕事と伺ったんですが、どうして飲食業界に進もうと思われたんですか。

飲食業というと以前は上場する会社が少なかったんですけど、最近はそうではなくなりました。ですから今後ますます社会に認知される業種になってくるであろうというのが大きな理由です。それと、アパレルにいた頃、毎晩のように宴会をしていたんです。そこで飲食業を目の当たりにして面白そうだなと。それが一番の理由ですね。

——好きなことが仕事になるって、そんないいことはないですね。そんな柔軟な発想でいらっしゃると、今後もっともっと面白いことをやりそうですね。

まだまだこれからですが、ビジネス・スクールで学んだことを材料に、ニューヨークやアジアの主要都市を見据えてグローバルに展開するビジネスモデルを作っていきたいですね。

両親の病が起業のきっかけ

八尋寛司さん
ＳＴＥＭバイオメソッド株式会社
代表取締役社長
（入学時43歳）

1期生としてＱＢＳを修了後、パナソニック（ＰＦＳＣ）を退職、06年に北九州市でバイオベンチャー企業を創業して、現職。幹細胞や癌細胞の研究、研究支援ツールの開発を行いながら、ＱＢＳで学んだ経営理論を実践している。

後藤：八尋さんはビジネス・スクールに通っていた頃はどのような企業にお勤めだったんですか？

八尋：大手の電器メーカーに勤めていて研究開発をやっておりました。そして学校を修了してから、会社を辞めて独立しました。

――前職の仕事内容は今やっていることと違ったんですか？

似たような内容ではあったんですが、それを応用したのが今の仕事です。

――起業されたＳＴＥＭバイオメソッド株式会社はどんな会社なんですか？

北九州市若松区の北九州学術研究都市、通称「FAIS（フェイス）」の中のインキュベーション施設に入居させていただいておりまして、その中で、バイオテクノロジーと工学技術、この二つを合体したような切り口で事業を展開しております。

――具体的には？

細胞を培養して、その中に蛍光発光する遺伝子を組み込んで画像処理をしたり、薬物を加えて出る薬物反応が本当に薬としての効果があるかどうかを調べています。それから、難病の研究開発をしておられる研究者の支援をする機械やソフトウェア、機能をたくさん持ったデバイスなどの開発をしております。

――それを病院や大学の研究機関に販売しているんですね。しかし大手企業に二十数年勤めたら「もうこのまま安住したい」と思うところですが、どうして独立しようと思ったんですか？

これには個人的な理由がありまして。実は私の両親が昭和三〇年代に結核にかかって死ぬ寸前だったんです。ちょうどこの時、抗生物質のストレプトマイシンが開発されて、それを飲むことで命を取りとめ、そのお陰で私が生まれてここにいるんです。もう一つ、脊髄小脳変性症という難病の親戚がいまして、これを何とかしなければいけないという思いがあったんです。そして私が持つ工学技術を求める医療の市場があるということで起業を決意したの

八尋寛司さん

です。

――会社と学校の両立はいかがでしたか？

学校に通っている間はテレビを見る時間もラジオを聴く時間もないほどでしたね。その頃の流行が何なのかわからなくて、はやっていた歌はカラオケで歌えないですよ。

――そういう苦労をしながら二年間通って、その成果を今どんなふうに活かしていますか？

私は理工系の出身ですが、ある方から「理工系出身者が経営とか財務のことを知らずに起業してもうまくいかないよ」というアドバイスを受けました。ですから、まさに学校で学んだコーポレート・ファイナンスやアカウンティングなどは大変役に立っています。

――それ以外で、ビジネス・スクールに通って良かったことはなんでしょう？

仲間がたくさんできたことですね。在学中は旅行に一緒に行くなど、バラエティーに富んだ活発な活動ができました。

――同級生とは今でもつながりがあるんですか？

はい。修了後もMOT研究会という有志の勉強会を立ち上げて、その仲間と学会で成果を発表しました。アメリカのハーバード大学のビジネス・スクールでは、一つの都市のイベントになるほど大きなことをやっているんです。それと同じようなビッグイベントを福岡市でやってみたいんです。昼は学会のような研究会、夜は家族ぐるみで参加できるディナーショーといったように。

――学校に通ったことでそういう楽しみも広がっていきますね。そんな経験をしてきた八尋さんから、これから何かをやってみたいと考えている方にアドバイスをお願いします。

ありきたりではありますが「情熱を持って誠実に取り組むこと」によって、いろんなところからの支援を受けられる機会があります。そういう支援を受けられるような「情熱と誠実さ」を持った人間になることが必要なんじゃないかと思います。

やらずに後悔するより…

酒見寿代さん
CREA Partners 株式会社
代表取締役社長
（入学時34歳）

日本銀行、会計事務所等を経て、QBS1期生として入学、在学中に起業。現在は、主にQBS教授陣をコアにした、企業の次世代リーダー育成研修等の企画・運営を行う。福岡市在住。

後藤：日本銀行（以下日銀）を退職してビジネス・スクールへ挑戦したいきさつは？

酒見：日銀には四半期毎に実施する全国短観という調査があるのですが、その調査を担当する部署にいた頃に、企業の方々が返してこられるその数字の本当の声というか、その奥にある声を直接聞いて、経営者の方々と一緒に戦いたいという思いが次第に強くなって、それで日銀を退職しました。そして、経営者の方々の一番近くにいられる仕事をと自分なりに考えて、税理士の資格を取って会計事務所に入ったのですが、やはり経営者の方々の気持ちはわ

酒見寿代さん

からないことを痛感して。どうすればいいのかと悩んでいた時に、九州大学にビジネス・スクールができることを知って、藁にもすがる思いで受験したんです。

――日銀の短観というと、我々マスコミも経済状況の目安にしていますが、数字では見えない部分もありますか？

数字では見えない部分というより、外がどんなに暴風雨でも、日銀の中は、勤めている私にとってとても温かくて居心地がよかった。そういう所にいて、厳しい調査結果を、まるで映画を見ているように、テレビの画面を見ているように感じている自分がどこかにいることに気付いて。本当にこれでいいのかな、と思い始めて、いつからか、ここから飛び出して経営者の方々と一緒に戦いたい、と思うようになったんです。

――「人のために役立ちたい」という気持ちが強いですね。その源は何なんでしょう？

うーん、ただ、自分がここにいる意味とか生きている意味を少しでも感じたいというか…、きっと自己満足ですね。

――「自己満足がやがて人のためになる」って、いいじゃないですか。なかなか皆そういうふうにはいかないですからね。そんな思いを抱いてビジネス・スクールに通いながら起業したのはどんな会社なんですか？

最初は経営コンサルティング会社を立ち上げたいと思っていたのですが、ビジネス・スクールの先生方と接していくうちに、この先生方と企業や官庁を繋ぐことができたら、自分一人ができる何倍も多くの方を笑顔にできるんじゃないかと思って。それで、先生方と企業・官庁・地域を繋ぐ事業、産・官・学の連携をコーディネートする事業を柱とする会社を立ち上げました。

――一般的には、ビジネス・スクールに通って先生から理論や知識を学んで、それを仕事に活かしていくと考えますが、先生を巻き込んでビジネス展開することを考えたんですね。

大学にはすばらしい「知」が集まっているので、その「知」を地域のためにもっと活かせたらいいなと思いました。それに、地方にある大学は特に、その地域の方々に愛してもらわなくてはいけないと思っていたので、先生方には積極的に大学の外に飛び出していただいて、地域の企業や地域の方々に大好きになってほしいと思って。

——今後の夢や目標も広がりますね。

今は会社も自分も未熟なこともあって、一つの企業と一つの大学しか繋げていないんですが、これからは、例えば、複数の大学と複数の企業、複数の地方自治体が繋がるような大きな連携ができ、もっと大きな力を生み出していけたらいいなと思っています。

——複数と複数という連携は今のところあまり例がないですね。

そうですね。簡単なことではないと思うのですが、意味ある形でそれが実現できたなら、とてもすばらしいことだと思うので、頑張りたいと思います。私は特別な力もないし、足りない所ばかりで、自信もなく迷ってばかりです。でも、日銀を辞めると決めた時も、税理士試験に挑戦すると決めた時も、ビジネス・スクールを受験すると決めた時も、起業すると決めた時も、そして今も、迷った時にはいつも「やりたいことがあるなら最初からあきらめず、やらないで後悔するより前に進んでみよう」って思うんです。そうすれば、たとえ目標に届かず失敗しても、きっと自分の力になるし、納得もいくって。だから私は迷ったら思い切って一歩を踏み出すようにしているんです。

仲間に感謝！

井上聡志さん

PicoCELA 株式会社　取締役 兼 ＣＯＯ
（入学時29歳）

日本電気通信システム株式会社、九州大学知的財産本部 起業支援部門（ＮＥＤＯ）フェローを経て現職。現在は、九州大学発ベンチャーの創業メンバーとして経営実務を執行している。福岡市在住。

後藤：井上さんが立ち上げた「PicoCELA 株式会社」ですが、会社を登記する日付けにこだわったそうですね。

井上：創業したのが二〇〇八年八月八日で、北京オリンピックが開幕した日なんです。末広がりの「八」ということと、アラビア数字の「8」を横に倒すと無限大を意味する記号になります。「我々の可能性は無限大」ということにかけております。

——その日に照準を合わせて着々と準備を進めてきたんですね。それで、どんなことをしてるんで

井上聡志さん

すか？

もともとは、文部科学省の知的クラスター創成事業第二期のＭＩＭＯ－ＭＥＳＨプロジェクトで研究開発をしておりました。これは九州大学のシステム情報科学研究院の古川浩准教授を代表としまして、無線通信機器の研究開発をしております。そのプロジェクトで試作品ができましたので、本格的に事業化しようと、私、古川、そして社長に徳田という者を迎えて起業しました。

――そんな多忙な時期ではありましたが、ビジネス・スクールで学ぼうと思ったんですね。

私はもともとソフトウエアエンジニアをやっておりまして、そこで、「技術者と経営者って話が合わないなあ」と思ってたんですね。

――そういうお話はよく聞きますね。

それなら私自身が経営を学べば、技術者と経営者の架け橋になれるんじゃないかなと思ったんです。

――ソフトウエアエンジニアで開発を担当していると聞くと、寝る間を惜しんで仕事に没頭しているイメージがありますが、仕事とビジネス・スクールの両立はいかがでしたか？

寝る時間はなかったですね。夜八時くらいから授業が始まって、九時半に授業が終わりまして、一〇時頃職場に戻って、深夜二時から三時頃まで仕事を続けてました。そのあと家に帰ってからもビジネス・スクールの宿題をやって、それから寝るというパターンです。

――次の日の仕事は…。

朝八時とか九時頃からですね。

――それじゃ寝てないじゃないですか。

そうなんですよ。ですからエンジニアをやりながらの両立は一年程で体力が限界に達し、運よく転職して、引き続きビジネス・スクールに通ったんです。

――転職してでも通う価値があったということですね。ところで、ビジネス・スクールに通って「ありがたかったな」って感じられることはなんですか？

人のネットワークですね。いま我々の会社で経営アドバイザーになっていただいている弁護士や税理士は全てビジネス・スクールのネットワークの中で知り合った方なんです。我々は、九州大学のビジネス・スクール発で、世界で成功するベンチャー企業を創設したいという想いがありまして、それに賛同してくれた修了生や在校生の方に協力いただいてるんです。

――信頼できる仲間とのネットワーク。得たものは大きいですね。ビジネスって一人の力ではなかなかできないですもんね。

そうですね。一人で考え過ぎるとできない理由ばかり思い浮かんでくるなんてこともありますからね。何事も初めは自分で踏み出さないといけませんが、出会った人たちとしっかりコミュニケーションを取っていくと、そのあと誰かが助けてくれることってあるんですよ。

第2章　組織の中堅として

中堅として活躍しつつも
その地位に安住することなく、
あえてＭＢＡ取得に挑戦した人たち。
刻々と変化するビジネス環境に対応すべく、
常に自分自身をブラッシュアップしています。

タイミングを逃さず挑戦すること

西村文亨さん

九州電力株式会社　熊本支店
副支店長　兼　企画管理部長
（入学時43歳）

技術系社員として入社し、現在26年目。前所属（本店）でナレッジマネジメントの手法を活用した組織改革を担当。以来、様々な業種の企業変革リーダーとの交流を深め、その経験を社内改革に活用中。熊本市在住。

後藤：ビジネス・スクールに通うきっかけは何だったんですか？

西村：私は技術系の社員として入社したんですが、三六歳くらいから管理職として経営に関する社内情報に触れる機会が多くなりました。その中で、経営企画や総務、人事の人と話す機会も増えたので、経営大学院で体系的に勉強したいと思ったんです。

――その頃日本にはビジネス・スクールが少なかったですが…。

当初は中小企業診断士の通信教育を受講しようとしましたが勉強が進まなかったんです。

西村文亨さん

私にとっては一人でやるのは難しかったですね。さらに四〇歳になって焦る気持ちも出てきて。ですから、国内のビジネス・スクールの中で当時一番近くにあった神戸大学のビジネス・スクールのカリキュラム等を調べたりしたほどです。同時に「近くの九州大学にビジネス・スクールができればいいなぁ」と思っていたら偶然にもQBSが創設されたんです。

——管理職だと授業内容が仕事に直結することはどんなことなんですか?

仕事や部下のマネジメントをやっていましたので、人的資源管理におけるモチベーションに関する知識などが役立ちました。中でもナレッジマネジメントですね。「ナレッジ」は、知恵、ノウハウ、コツなども含めて広い意味での知識と考えますが、わかりやすく二つに分けると、一つは企業で作られているマニュアルや研修テキスト等に書かれている「形式知」、もう一つはベテラン社員や職人さんが保有している「暗黙知」です。

――それらの「知」をどうマネジメントしていけばいいんでしょう？

「暗黙知」を活かした企業は成長する」と言われるほどですから、いかに「暗黙知」を人の中から表に出して、多くの人が活用しやすい「形式知」にできるかです。

――人と人とのつながりが鍵ですね。

そうなんです。そのためには、人と人をつなぐ場を数多く設定することが重要だと言われています。

――西村さんは会社ではどう実践されました？

ワークプレイス改革のプロジェクトリーダーとして、例えば、管理職が窓際に机を一列に並べて、その前に部下の机が縦長に並んでいるような一般的なオフィスレイアウトを、上司と部下の「暗黙知」を共有しやすいように、上司の机の周りに部下の机を並べて囲んだり、隣の部署とのコミュニケーションをとりやすいようにオフィスを大部屋化したり、コミュニケーションスペースを意図的に多く設定したり。このワークプレイス改革に関しては、富士ゼロックスが出版した書籍『サラサラの組織』（ダイヤモンド社）にも掲載されたんです。

――一読しましたが、改革が社内にいい効果をもたらしたようですね。

私の中では、ビジネス・スクールから得た知識を活かした最初の成功体験といっていいかもしれません。

――そのような経験を通して、これから何かを始めようとしている方にアドバイスするなら?

私の場合はずっと経営学を学んでみたいと思っていたので、九州大学にビジネス・スクールができた時はすぐに飛びつきました。そういったタイミングを逃さないで積極的に挑戦するということが大事じゃないかなと、つくづく感じております。

遅いスタートだから良かったこともある…

長本敏文さん

パナソニック コミュニケーションズ株式会社
秘書グループ グループマネージャー
（入学時45歳）

85年、松下電送（現パナソニック コミュニケーションズ）に入社。マーケティング、企画部門を経て、現職。09年3月にQBSを修了。修了生組織QANの09年度会長。

後藤：長本さんはビジネス・スクールの同期の中では年長だったんですね。

長本：そうなんです。実は一〇年くらい前から、ビジネス・スクールに通いたいなあと思っていたんですが、挑戦しない、できない理由があったんです。認めたくなかったんですけど、正直言って英語での授業についていけるかなあと…。学生時代に英語が苦手だったわけじゃないんですが、卒業して二十数年間、英語と無縁の生活をしていましたので。

――その不安は皆さん仰いますね。でもそれを乗り越えてでも行きたい理由があったんですよね？

長本敏文さん

そうなんです。経営に携わってますと、「こういう時はどう判断したらいいんだろう」って迷うことがよくありまして。ビジネス・スクールなら諸先輩の豊富な経験が蓄積されていて、それがロジカルに整理されたものを学べると思ったんです。あとは、MBAを取得した知り合いがいて、話を聞きましたら、「もう行かんと間に合わんな」と思いまして、門戸を叩きました。

――学んですぐに役立ったことはありましたか？

私の場合は、授業全てが役に立っています。それと、同級生からのいい刺激はすごく受けました。こっちの方がちょっと大きいかもしれないくらいです。

――と言いますと？

例えば、当時やっていた産学連携のプロジェクトでは同級生達と喧喧諤諤、夜中まで議論していました。それぞれが所属している企業の文化がありますので、一つのテーマへのアプローチの仕方が違ってきます。ですから会社の中での議論では出てこない考え方に出合ったりするんです。仕事して授業が終わった後ですから、ぼうっとしてヘロヘロなんですが議論を尽くしていくんです。これは楽しみでもあり、刺激でもありました。

――仕事と授業の両立はいかがでした？

大半の人が苦労してます。でも何とかなると思います。ただ、予習も復習もしないってわけにはいきませんけどね。私は秘書なので、二四時間、三六五日みたいな仕事で、役員から授業中に電話がかかってくることもあり、抜け出して電話したりしてました。入学式のガイダンス中も役員から何度もメールがきました。

――そういう状況でもできたっていう長本さんのお話を聞いて、「自分も挑戦できるんじゃないか」と思った方もいらっしゃるんじゃないですかね？

そうですね。特に私のようにビジネス・スクールの入学にはちょっと出遅れたかなと思っている方に伝えたいんですが、会社で二〇年以上いろんな経験をしてますと、すでに知ってることが授業で出てくることもあります。しかしながら経験してきたことをロジカルに説明してくれますので、より体系立っていくと思うんです。かつ、マネジメントの立場のほうが、学んだことを即実践に活かせることは多いんじゃないかと感じています。

経験を裏付けのある自信に変えたかった

大倉龍周さん
ボストン・サイエンティフィック ジャパン㈱
CRM／EP事業本部　西日本営業部
営業統括部長
（入学時42歳）

サムスン・ジャパン株式会社（現日本サムスン株式会社）を経て現職。脳神経部門の営業部長、流通企画部長を経験し09年よりCRM／EP事業本部で営業統括を担当。福岡市在住、博多をこよなく愛する2児の父。

後藤：大倉さんは外資の医療機器メーカーにお勤めですが、ビジネス・スクールで学ぼうと思ったきっかけは何だったんですか？

大倉：私の会社は外資ですので、外国人のスタッフとも一緒に仕事をやっていて、その中で英語を使いこなす必要があったんです。それと、例えば、マーケティングについて理論的に話をしないと外国人とコミュニケーションするのが難しかった経験をしたこともありますね。

大倉龍周さん

――大倉さんは四二歳ですから、キャリアも十分あると思うんですが、それでも行ってみようと思ったんですね。

そうですね。面接試験の時に、「あなたはそれだけ社会人の経験があるんだからここに来て学ぶことはないんじゃないか」と先生に言われましたが、「その経験を理論に変えて裏付けのないものから裏付けのある自信に変えたいんです」と話しましたら、何とか入学を許可されました。

――ビジネス・スクールに行ったことで仕事における変化はありましたか？

以前と違って、今では経営という視点で問題解決などができるようになったんじゃないかなと思います。それから、仕事と学校の両立をするのに、時間を有効に使わなければいけないので、空いた時間をどう上手く使っていくのかや、短時間で何かをする時の集中力が向上したように感じます。

――社会人がビジネス・スクールに通いたいと思った時、一番心配することは学校と仕事の両立でしょうね。大倉さんはどういうふうに工夫されたんですか?

例えば、課題の図書を集中してポイントだけをおさえて読むとか。それはビジネスでも同じだと思うんですよ。重要なエッセンスをどうやって自分のものにしていくかを常に考えてたら、時間のない中でどう効率よくやるかが自然に身に付いていくと思います。

――どんなことにも共通することですね。ところで、勉強していくうちに新たにやってみたいと考えたことはありますか?

そうですね。これから更に少子高齢化が進んでいきますと、国民医療費が現在の三三兆円から二〇二五年には五〇兆円を超えてしまうという予想もあるので、そういう環境の中で我々の業界もかつてないほどの効率化を求められることになります。そこで、ビジネス・スクールで学んだことを活かしながら、新しいビジネスモデルを作っていけたらなと思います。また、これから成長が期待されるアジアでも、グローバル企業としてのビジネス戦略を展開することも目標の一つです。長期的な目標としては、医療制度改革の中で、患者さんが安心して安全な医療サービスを受けることができるような、新しいシステムを提供するビジネスモデルを構築していかなきゃいけないとも思っています。

――こうやってお話を伺っていますと、ビジネス・スクールって本当に何でも学べるところなんだなあって感じますね。

体系的に学べるってそういうことだと思いますし、一緒に勉強している仲間たちも様々なキャリアの人たちがいますので、彼らからもいい刺激を受けます。そういうところがビジネス・スクールのいいところですね。ですから、もし勉強してみたいと考えているなら、一歩踏み出すことでしょうね。案ずるより産むが易しで、行けば何か見つかると思います。

自分に対する投資

陣内康成さん

パナソニック コミュニケーションズ株式会社
人事グループ 社員研修所 主事
（入学時33歳）

93年入社以降、2年半のマレーシア現地会社出向を含め、一貫して人事業務を担当。現在は同社社員研修所にて、主に次世代リーダー育成、マネジメント、キャリアデザイン等の研修企画・運営を担当。那珂川町在住。幼稚園児と乳児の父でもある。

後藤：現在お仕事はどんなことをされてるんですか？

陣内：社員研修所におりまして、人材育成を担当しております。

――ということは、ビジネス・スクールではマネジメント（管理）を勉強したかったんですか？

それもありますし、以前から他流試合や社外で挑戦してみたいと思っておりましたので入学を決めました。

――QBSには色んなバックグラウンドの方がいらっしゃってますから、かなり刺激を受けたんじゃゃ

陣内康成さん

ないですか？

様々な業種の学生がおりますし、海外からの留学生も同期におりまして、そういう中で切磋琢磨して大変影響を受けました。

――振り返ってみて、具体的にはどんなところが良かったですか？

会社には同じような視点を持った者が多いのですが、ビジネス・スクールには私が想像もできない発想を持った方がいて、意見交換することで大変視野が広がったと思います。

――仕事に直接反映されることもあったんですか？

そうですね。どうやって社員に刺激を与え、自主的に学んでもらうかを強く感じるようになりました。

――人材育成ということは、若手の研修や中堅の人たちの底上げとか、いろんなことがあると思うんですけど、陣内さんが実践されているのはどんなことなんですか？

一つには「キャリアデザイン」の研修があります。今までは「会社の指示どおり与えられた仕事をやる」という人が大半でしたけれども、「自分が将来目指す姿を考えて仕事にチャレンジしていこう」という視点で研修を実施しています。

——社員それぞれ考えることが違うでしょうから対応が大変そうですね。

わからないことがあれば、ビジネス・スクールの同級生や先生方のアドバイスも頂くことができるので大変助かっています。

——卒業した今も連絡を取り合っているんですか？

はい。講演会等があったり、同期生の集まりがあったりしますので、今でも意見交換をよくしています。その際には学生時代の熱い気持ちを思い出すことができますので、自分に鞭を打って日常の業務に帰ることができるんです。

——今なお刺激し合えるって素晴らしいですね。ところで、ビジネス・スクールって授業以外の活動はどんなことをするんですか？

私の場合はゼミ旅行で萩の松下村塾に行きまして、吉田松陰の教えや、偉人のいろいろな考え方に触れました。その際は、志を持って自らの成長を図っていくという必要性を強く感じました。それから、中国の大連を訪問する機会を頂きまして、現地で二つのビジネス・スクールを訪問しました。

——それはどんな収穫がありました?

優秀で意欲的な中国の学生と意見交換をしまして、「中国は今後ますます発展するぞ」というパワーを強く感じました。

——アジアを重要視している九州大学のビジネス・スクールならではの体験をされてますね。それらを通して、これから何かを始めようとされている方に陣内さんがアドバイスをするならば?

ビジネス・スクールに通うことなどは、自分に対する投資だと思います。投資する前は躊躇もしますが、必死にやれば大きなリターンが得られます。是非チャレンジしてみることをお勧めします。

職場の理解があったから

鶴田竜也さん
株式会社キャリアメイツ　管理本部
事業サポート部　企画統括課 兼 経営企画室
兼 法務コンプライアンス室課長 兼 マネジャー
（入学時31歳）

リクルートグループの総合人材サービス企業に勤務。営業職を経て、現在は事務職として企画管理・計数管理・法務など各フィールドにおいて、経営のサポートから現場フォローに至るまで幅広く従事。福岡市在住。

後藤：ビジネス・スクールに入学して一年半ほど過ぎましたが、仕事との両立はいかがでしょう？

鶴田：最初は時間を作るのが大変だったんですけれども、徐々に自分の時間をコントロールができるようになりまして、今では存分に楽しんでおります。

――やっぱり大変なのは時間管理ですか。

職場の理解も得られないと続けられないなと思いましたので、最初はそこがちょっと不安でした。しかし退職を覚悟して上司に相談したら、理解して環境まで整えてもらって。入学

鶴田竜也さん

前は営業職だったんですけれど、入学後に転属させてもらったんです。

――いい会社ですねえ。「もうそろそろ授業だから、今日はこの辺で失礼します！」っていうこともできるんですか？

そうなんです。ですからそのぶん会社に貢献しないといけないと思っています。

――ところで、入学したいと思ったきっかけは？

最初は、父が勤めていた会社を退職して自分の会社を設立したことですね。それで外部から自分が知識を持ってアドバイスできるようになればなぁと思って出願したんです。

――えっ？　お父様の設立した会社で一緒に働くんじゃなく外部からアドバイスですか？　でもゆくゆくはお父様のあとを継ぐんですよね？

いや、それは全く考えていないんです。

――お父様が聞いたら悲しみそうですけど…。

学びたいと思ったきっかけはそれだけじゃないんです。私の友人が日大のＭＢＡを取得しまして、彼からいろんな話を聞いて興味があったことと、あとはミドルマネジメント研修というのを受けまして、時間の大切さとかを学んだこともあるんです。

――ところで、お勤めの人材サービス業界も動きが慌ただしくなっていますね。

国会で法規制が検討されていますので、どんどん変わっていくと言われていますね。ただ基本的なことは変わりません。派遣スタッフの方の就業機会を安定的に確保していくことを忠実にやっていけば、問題はないと思っています。

――勉強してみて、「これはすぐにでも活かせるな」っていうものはありますか？

経営リスクマネジメントという授業で学んだリスク分析というものが、今まさに自分があたっている業務なので大いに活用しています。

――学びを通して、更に何かやってみたいということは出てきました？

いま修士論文を書いているんですが、人材サービス業界のシナリオプランニング的なものを作ってまして、自社でフィージビリティスタディをして、どう生き抜くかという術を探っていきたいなと思っています。

成長を実感したあの日

福原隆行さん
ボストン・サイエンティフィック ジャパン㈱
西日本第一営業部 P I 九州営業課
アカウントマネージャー（入学時30歳）

大学を卒業後、BSJ社に入社。営業職として勤務する傍ら、社会人学生としてQBSに入学し、MBAを取得。76年生。神奈川県出身。

後藤：医療機器メーカーでカテーテルという医療器具を販売している福原さん。MBA取得のためにビジネス・スクールに挑戦したのは何がきっかけだったんですか？

福原：私たちは、ユーザーであるお医者さんを直接訪問して営業、販売していますので、使用した感想などを直接聞くことができるんですが、その声に応えたいと思って行動しても、本社からの指示は必ずしもそれに沿う内容でないことが結構あります。最初は、「現場のことを知らないMBAを持った経営者が邪魔してくれるな」と腹を立てていたんです。ちょう

福原隆行さん

どその頃、営業先の有名な血管外科の先生から、「いま治療方針を巡って外科と内科がもめている」という話を聞きました。その先生は「自分たちの治療方針が間違っているとは思わないけど、外科の方が正しいとか、内科のやってることはだめだという言い方ばかりしていても、内科は言うことを聞いてくれない。それなら内科の先生の主張するやり方を勉強してみてから話せば、相手も納得してくれるはずだ」と言ったんですね。それを聞いた時はっとしまして、自分も相手のテリトリーに入って勉強しなきゃだめだと思ったんですよ。それでビジネス・スクールを目指そうと決めたわけです。

——意見が違う、しかし一度相手の立場に立って考えるって、人間的に成熟していないとなかなかできませんねえ。それで福原さんはMBAの勉強をして、本社の上層部からの指示を理解できるようになりました?

いや、正直言ってまだ理解不能なことが結構ありますね。ただ、相手の言っていることが自分の意見と違った時に、「何でそう思うんだろう」と考えられるようになっただけでも勉強した価値はあるし、自分自身の成長も感じます。

――そうすると、ビジネス・スクールで学んだことが仕事で活かされる場面はどんな時ですか？

正直言いまして、特にないんです。勉強したからって売り上げがいきなり良くなるわけでもないですし。しかし先ほども言いましたけど、相手が考えていることを考慮しながら自分の意見を言えるようになったのは、大変役に立っているところだと思います。

――経営学修士を学ぶ過程で刺激も受けたと思いますが、今後何かやってみたいという希望は？

やっぱり経営に携わってみたいなと思いますね。現場の営業マンの考えと会社の指示があまりにも異なりすぎて、最悪の場合、優秀な営業マンが退社してしまうなんてことも目にしてきました。そういった人材の流出を防げるように、現場の意見と会社の方針をできるだけリンクさせていくような立場についてみたいと思っています。

――まだまだ福原さんの挑戦は続きそうですね。

そうですね。地方の国立大学で優れたＭＢＡのプログラムが学べる環境は、自分にとって大変ラッキーなことでした。興味があっても通える場所に住んでいない人は結構いますからね。そういったことをフルに活かして、なんでも行動してみることが大事だと思っています。

第3章　経営者の進化術

入学時には既に経営者として
採配を振っていた人たち。
彼らはなぜＱＢＳに入学し、
そしてどう変わったのでしょうか。
理論を身につけて進化した人たちの体験談です。

「有り得ない」と思っていたことが経験できる喜び

鎌田幸治さん
三洋ビル管理株式会社　不動産マネジメント事業部
専務取締役
（入学時44歳）

九州大学工学部を卒業後、株式会社リクルートコスモスを経て現職。現在は専務取締役として企業変革を推進する傍ら、子育てにも奮闘中。高校生の娘と中学生の息子との3人家族。福岡市在住。62年生。

後藤：専務取締役として多忙を極める中、あえてビジネス・スクールに挑戦したのはなぜですか？

鎌田：初めはデベロッパーとして建物を建てる仕事をやっていたのですが、その後、建物を管理する仕事に移りまして、その時、建てた後の仕事は思った以上に難しいと感じたのがきっかけでした。建てることに関しては経験を積んで勉強してきたのですが、その後までは目が行き届いていなかったのですね。

――授業は全て出席したと聞いたんですが？

皆さん仕事をしながら通っていますから、どうしても休まざるを得ないことってあると思

鎌田幸治さん

うのですが、なんとかなるもんで、宴席から抜け出して出席したこともありました。自分でもよくやったと思っています。

――学んだことは、存分に活かせていますか？

そうですね。自分が考えたビジネスプランや組織改革はどうなのかを授業で確認して思い切って進められた時もありましたし、様々なケーススタディーも学べますので、それを会社の研修で使わせてもらったりもしています。それから、なんと言っても、学校を通してたくさんの出会いがあったことは大変大きなメリットでした。

――仕事のつながりというと業種が限られることってあるでしょうからね。

そうなんですよ。同窓生同士でビジネスの話が成立したり。授業以外でもいろいろな催しの案内が毎日のようにきて、そこでまたどんどん輪が広がっていくのも大変魅力がありますね。それと、仕事ではどうしても近い年齢の人と親しくなりがちですが、ビジネス・スクールでは自分より若い人と同級生として親しくなれるのでいろんな刺激を受けられますね。

――会社の若い部下と接するのとは違いますか？

会社では若い部下の本音はなかなか聞けないんですよ。逆に私より若い同級生も、私と話すことで、上司の本音を知る参考になっているんじゃないかと思うんです。年齢層が違う友人同士って、将来にわたってビジネスで助け合えるかもしれないですね。

――それにしても、重責を背負う中、仕事以外に力を注ぐのは生半可な気持ちではできませんね。

私も四〇歳を過ぎてからの挑戦でしたから、やっぱり受験する前には「大丈夫かなあ」って思いました。英語も離れて久しいものですから、かなり躊躇しましたね。英語は授業でも本当にダメダメで、何度もフリーズしたんですが、「負けない」って思って出席し続けました。英語でプレゼンをしたり、留学生のチューターをしたり。入学前には、「有り得ない」と思っていたことが経験できたのは、大きな収穫ですね。

――年齢的な理由で夢をあきらめてしまう話、よく聞きますね。

そういうところに自ら壁を作らないでチャレンジしてみると、何歳からでも新たな世界が開けてくると思います。地方であっても、私の住む福岡には九州大学に素晴らしいビジネス・スクールがありますから、特に地場企業の経営者には是非お薦めしたいですね。

あきらめずやり続ける気持ち

三田村道洋さん
グローバル・シーフーズ有限会社
代表取締役社長
（入学時35歳）

辛子明太子メーカーの営業をする傍ら、ＱＢＳにて学ぶ。在学中の03年11月に起業。玄界灘の魚を世界のブランドにすべく、現在海外に営業を展開中。福岡市在住。40歳。

後藤：社名からシーフード関係のお仕事と推察できますが、何を扱ってらっしゃるんですか？

三田村：貿易部門では、東南アジア、中国、韓国から魚介類やすり身の輸出入をやってまして、国内では辛子明太子の販売をやってます。自分は「博多もん」なので、博多を代表するものでやっていきたいというのがあったものですから。

――独立する前は全く違う仕事だったんですか？

いいえ、辛子明太子屋の営業をしておりました。

――そういう流れがあったんですね。しかしビジネス・スクールに通わなくても、明太子業界のマー

三田村道洋さん

ケットの知識はあったんじゃないですか？

そうですね。ただ、やってきた仕事が営業だったので、マネジメントは全くわかりませんし、貿易にかなり興味があったものですから挑戦したんです。特に九州大学のビジネス・スクールはアジアに特化していて、私もアジア諸国と貿易をしたいという希望もありましたし。

――学んだことは具体的にどう活かされていますか？

マネジメントもさることながら、特に貿易関係でいうと、国際ロジスティクスであるとか、国際マーケティング、そういった国境を越えたノウハウを実践で教えていただいたコースが、かなり役に立ってますね。水産物は鮮度が命ですから、ロジスティクス、物流はかなり気をつかうところなので。

――それに加えて、食品業界といいますと、昨今は食に対する安全は消費者の大きな関心事ですね。

それも重要なことの一つだと考えています。ですから、うちは天然素材だけで作った無添加の明太子にこだわっています。

――今後はさらにこう展開していこうと考えていることはありますか？

今は業務用だとか、問屋さんに卸すことが多いんですけど、ゆくゆくは、末端の消費者と直接対話ができるような飲食店をやってみたいなと思ってますね。そして、今は貿易がメインなんですけど、今後は日本の食材を世界に発信していきたいですね。

――健康的な日本食ブームはまだまだ世界に広がってますから、チャンスはあるでしょうね。

いまヨーロッパでも和食はかなり注目されています。ただ、うちがこだわりたいのはやっぱり「博多」ですね。博多から世界に発信していけるような企業になりたいと思っています。

――三大都市圏にある大きな企業じゃなくても、地方都市を拠点にグローバルに展開していけることを、是非証明してくださいね。それにしても、三田村さんは常に目標を定めて、それに向かっているように感じますが、その源になっているのはなんでしょう？

そうですね。「自分はできる」と最後まで確信し続ける思いでしょうか。あきらめずにやり続ける気持ちですね。それと、ビジネス・スクールで様々な業種の仲間と一緒に勉強して、その方々から聞いたいろんな経験が、今の自分への励みになっているんだと思います。

働いている限り、常に勉強

久枝良彰さん
有限会社ヒサエダコンサルティング
代表取締役
（入学時31歳）

トーマツコンサルティング株式会社を経て05年に独立。これまで50件以上の企業や公的機関に対する組織・人事制度構築に関与。全国で年間40回以上のセミナーを実施。学校法人産業能率大学　兼任講師。

後藤：入学前から経営コンサルティング会社を経営されていましたが、ビジネス・スクールに入って仕事におけるいい変化はありましたか？

久枝：私は、組織や人事専門のコンサルティング会社を経営しているのですが、専門分野だけでなく、経営を財務やマーケティングなど様々な視点で勉強していくので、お客様に対して幅や深みのある提案ができるようになってきたと思います。

――仕事に即効果が出ましたか。ところで久枝さんは、いつごろから起業してみようと思っていた

久枝良彰さん

んですか？

漠然とではあるんですけど、中学生くらいの時に、「三〇歳で経営者になろう」と考えていました。

――そんなに早い時期からですか。しかも「三〇歳で」というのは詳細な計画でしたね。

更にいうと、二八歳で結婚して家庭を持つことも、中学生の時に描いていました。

――何の分野で起業したいかも決めてたんですか？

いや、それは特になかったです。

――三〇歳という若さでの起業に対して、周囲の反応はどのようなものでした？

私は大学を卒業以来、大手の経営コンサルティング会社に勤め、主任業務をしていましたので、仕事そのものは問題ありませんでした。ただし、最初は受注が取れなかったですね。仕事がなくて、半月先、一ヵ月先はどうなるかわからず、心配で眠れない日が続きました。

——それはどのようにして乗り越えていったんですか？

たくさんの人に、ひたすら会いに行きました。そうして半年ほど過ぎたら、仕事を徐々に紹介してもらえるようになったんです。これまでのお客さんが、また別のお客さんを紹介してくれることもあり、今では九州だけでなく、中国地方を含めて六県を日々行き来するようになりました。

——それも中学校の時の計画通り？

さすがにそれは計画してなかったですよ。会社や、会社のトップをご存じの「ポータルサイト」になるような方とたくさん出会ったことが、軌道に乗ったことにつながっていると思っています。

——出会いといえば、ビジネス・スクールへの入学もそうですよね？

もちろんです。様々なバックグラウンドの方がいて、先生からだけではなく、同級生とのグループディスカッションを通して、たくさんのことを教えてもらっています。

——会社を経営なさっているということもあり、二年間ではなく三年間の長期履修を選択されましたが、授業のペースはいかがでした？

勉強は継続してやらなくてはいけない職業なので、二年、三年といわず、ずっと通いたいです。それくらいいろんな刺激を受けていますし、それが仕事に役立っています。

――今後のビジョンは？

グローバル化が進む中で、今後は、日本だけでなくて海外にも目を向けて、活動のフィールドを広げていきたいと考えています。

――もしかして、それも中学校の時に決めてました？

海外でも仕事がしたいという想いは、昔からありました。

――それも計画通りにいったらすごいですね。でも努力し続けている久枝さんなら、いつかそういう日がやってきてもおかしくないですよ。そんな久枝さんから、これから何かを始めようと考えている方にアドバイスするならば？

今の時代は、働いている限り、常に勉強をし続けないといけないと思うんです。そのうちの選択の一つとして、二〜三年間、ビジネス・スクールを活用して、人脈も広げながら勉強するというのは非常に良いことです。そこで出会った人々とのつながりは、卒業後に活きてくる貴重な財産です。

同級生から多くのことを学んだ

波多江正剛さん

株式会社 島本食品 取締役副社長
株式会社 はたえ 取締役
（入学時34歳）

大手金融機関勤務を経て、家業を継ぐべく現職場へ入社。現在、アジアビジネスを中心にグループ経営を実現するべく奮闘中。在学中は「商品の普及と口コミ」について研究を行う。

後藤：経歴をたどっていきますと、銀行に勤めていて退職、ビジネス・スクール在学中はすでに副社長ってどういうことですか？

波多江：いやいや、家庭の事情で…。地元福岡の銀行に就職した後、父が亡くなりまして、従業員もいっぱいいるし、母が社長をしないといけなくなりまして、手伝うことになったんです。

――そういうことでしたか。会社は食品業界ですから銀行とは大きく異なりますね。

波多江正剛さん

はい。辛子明太子の通信販売をやってまして、デパートとか、駅、空港には卸さず、お取り寄せ専門なんです。

――お父様がご健在の時にお母様はお仕事に関わってらっしゃったんですか？

経理はやってたんですが、経営はできないということで。私はとにかく手伝わないといけないって思って飛び込んだものの、銀行の仕事とは全くの畑違いですから、水産業界、明太子業界の商慣習から一つひとつ勉強していきましたね。

――それで後々は経営に携わるってことでのビジネス・スクール入学だったんですね。しかし、右も左もわからない世界に入ったばかりで、よく学校に通う決心をされましたね。

睡眠時間を削って勉強して、仲間と語らいました。

――その効果はいかに？

入学する前は、ただただ必死で家業を何とかしなきゃということしかなかったんですが、ビジネス・スクールで経営のことを勉強する中で、多角的に家業を見ることができてきました。こんな可能性もあるんじゃないかとか、発想が柔軟で幅広くなっていった気がします。余談ですけど、飲み会もかなり楽しかったですよ。

――それ、ますます睡眠時間がなくなるじゃないですか。

それがですね、みんな前向きな話をするから逆に元気になっていくんですよ。同級生から学ぶことって多かったですね。様々な業界のスペシャリストばかりなので、その人たちと話すことは本当に勉強になりました。

――みなさん何か目的を持って挑戦してきてますからね。

ビジネス・スクールはたった二年間ですけど、ここでどういうベクトルに自分を持っていくかで、その後の人生がだいぶ変わるんじゃないかと思うぐらいです。

――そう話す波多江さんの目、輝いてますね。今後のビジョンは?

東京や大阪ではなく、地方都市福岡からアジアに向けてビジネスを展開できたらなと考えています。いろんな会社が集まってやっていけるような企業グループをデザインしていきたいですね。

従業員が良い生活を送れるように…

孫《ソン》 暁巍《シャオウェ》さん
株式会社 協和通商 代表取締役社長
（入学時34歳）

96年に来日。97年から九州産業大学経営学部国際経営学科、同大学大学院経営学研究科経営専攻で計6年の勉強を終え、03年に日中間貿易を営む協和通商を設立、現在に至る。福岡市在住。

後藤：中国の吉林省から日本に来てどれくらいになりますか？

孫：一三年目になります。

――どうりで流暢に日本語をお話しになると思いました。

人生の三分の一を日本で過ごしたことになります。

――もともと日本に来た理由は何だったんですか。

大学に留学するためでした。そのあと大学院を卒業して今の会社を立ち上げて、日本と中国の間で貿易をやっています。

――大学院卒業後にいきなり日本で起業し、さらにその後ビジネス・スクールに入学したんですね。

そうですね。ずっと自分の感覚だけで会社経営をやってきて、その中でマネジメントということを理論付けて会社経営を磨いていきたいなと思ってたんですね。そうしたらちょうど大学院時代の先輩の知り合いがビジネス・スクールを修了したということを聞いて、それで存在を知ったんです。

――只今、卒論を書いている真っただ中で、あと一歩で修了というところまできましたね。

会社経営もしながらなので、なかなか集中できない状況で、必死にやっています。

――卒論もですが、これまでの仕事と勉強の両立の大変さは、想像するに難くないですよ。

たしかに大変ですが、やろうと思えばできるんですね。もちろん、先生方や同級生の皆さんにも引っ張ってもらいながらなんですけど。レポートなどの課題もありますけど、今になってみると楽しくやれるものだなと思っています。

――実務に活用できることは実際にありましたか?

私の場合はたくさんありました。大きく言えば、理論的に会社経営を考えるようになったことです。例えば、その時々の経済環境にあわせて、会社の状況を見直すことができるようになりましたね。それから、ビジネス・スクールに入学したことによって、様々な業種の経営の最前線で活躍している人たちと友人になれたことです。いろいろな相談もできました。

孫　暁巍さん

ビジネス・スクールの二年目にプロジェクト演習というゼミがあり、私のゼミでは、私が経営している会社の課題などを取り上げて、先生も含めてゼミのメンバーたちが一緒に討論してくれました。

――中国からやってきて慣れない異国の地で生活し、勉強し、会社も経営してと、もう十分すごいことをやってるんですが、今後の目標は何か考えていますか？

まずはもうちょっと頑張ってビジネス・スクールを卒業して、仕事に関しては、会社の規模を大きくするというよりは安定的な経営をして、長く存続することを目指して頑張っていきたいと思っています。そして、私についてきてくれる六人の従業員が良い生活を送れるようにと考えています。

やり遂げたことが自信になった

井上　慶さん
アント・キャピタル・パートナーズ株式会社
プライベート・エクイティ投資グループ所属

大学卒業後、大手ベンチャーキャピタルにてベンチャー投資、企業再生投融資業務を経験。その後、飲食チェーンのマネジメントとして経営に従事する傍らQBSへ。修了後現職。経営に深く関与するハンズオン型バイアウト業務に従事。神奈川県在住。

後藤：ビジネス・スクールに入学した当時はどんなお仕事をなさっていたんですか？

井上：その頃は福岡の飲食チェーンの経営に携わっておりまして、CFOという立場でやっておりました。そこで日々の経営にあたる中、人事、資金調達、あるいはマーケティングをどうやっていくのかという課題を抱えておりました。仕事を通じて知識や技術などを身につけるOJTも大事なんですが、そこにアカデミックなバックグラウンドを兼ね備えたら、もっと効率的に業務が回るんじゃないかと思ったんです。

――そういうことならビジネス・スクールで学んだことが思いっきり活用できたんじゃないですか？

そうですね。全てが経営に活かせたかと思っております。特にリスクマネジメントの授業ですね。これは企業の失敗事例から物事を学ぶものなんですが得るものが多くありました。

――その福岡の飲食チェーンはビジネス・スクール卒業後に辞めておられますね。

はい。今は投資ファンドで働いています。もともと大学を卒業して一番最初に就職したのが投資会社だったんですが、資金は出すけど経営にはなかなか関与できず、ジレンマを感じていました。次に飲食チェーンに転職して経営の立場を担っていました。ただ、一般的に言われる「最後は社長の一言で物事が決まる」ということもあるでしょうから、自らが経営に関与でき、かつ資本の論理で物事を決めていける仕事をしたいと思ったんです。それができるのが投資ファンドですね。

――井上さんは現在投資先の会社に経営陣として入ってまして、その一つが食品製造販売会社で、そちらのシュークリームは私も食べたことがあります。全国に百店舗以上あって有名ですよね。

その食品製造販売会社の話で言いますと、創業江戸後期の京都の老舗和菓子屋の株式を一〇〇％買い取り、いま経営にあたってるところです。節分に豆を撒くことをビジネスにしたことで知られている和菓子屋なんです。

——それにしても、企業を買収した後ってどんなことから始めるのか興味深いですね。

まずは既存の社員に自信を持たせるために夢を語りました。全社員一人ひとりに「業績回復の暁には給与の全面見直しをしますから、今は苦しいですがついてきて下さい」と。

——社員の皆さん、初めは壁を作るような気がするんですけど、いかがでした？

いや、その老舗和菓子屋の皆さんは、むしろ我々と一緒になることを非常に喜んでおりました。別なケースでは、会社を売られてしまったという意識が社員の中にあったりして、それを修正するのにはかなりの時間がかかりますが。

——そういったことに対しても、ビジネス・スクールで学んだことは役立ちますか？

授業内容はもちろんですし、なんと言っても、日々ハードな仕事をこなしながらも最後まで通って卒業した、やり遂げたということが、今の自分の自信になっていると思います。

——知識や技術を得ることもですが、難局を乗り越えたこと自体大きな武器になりますね。今は投資ファンドにお勤めですが、最終的な目標は定めてるんですか？

例えば、ある会社をどこかのファンドが買収した時、「井上　慶という人間を社長に据えよう」と言われるくらい、どの会社からも請われるような経営者になりたいと思っています。

第4章　公務に従事しながら

営利の追求だけではありません。
ビジネス・スクールでの学びは
公共セクターのマネジメントにも役立っています。
公益のために様々な現場で活躍する人たちも
ＱＢＳで学んでいます。

個人の資質が問われる時代に

原　由公美さん

福岡県福祉労働部労働局新雇用開発課
新生活産業室　事務主査

県庁の派遣研修に応募しQBSに入学。昼は仕事、夜と土曜日は勉強の2年間を過ごし07年3月に卒業。現在の業務はサービス産業の振興・育成。福岡市在住。大学生2人の母。

後藤：ビジネス・スクールには公務員の方も結構いらっしゃってますね。

原：そうなんです。私は県職員なのですが、異動が多くていろんな部署が経験できる一方、得意とする分野がなくて、何か専門的な知識を身に付けたいなあと考えていたんです。

――そこでビジネス・スクールだったんですね。

しかし行政の世界っていうのは、会計に複式簿記も入っていない世界で、それがいきなり「マネジメント」という言葉が出てきたりで、今まで経験してきたことがあまり役に立たなくて、大変自己嫌悪に陥りました。

原　由公美さん

――行政の仕事で経営学が役立つのはどんな場面ですか？

なかなかないんですが、ちょうど今所属してる部署が、民間企業と近い性質なので、ビジネス・スクールで学んだ感覚が活かせているんじゃないかと感じております。

――最近は行政の世界も、独自色を打ち出した企画が目立ってきてますよね。

そうですね。昔は国からの仕事をこなすことが多かったんですが、最近は各都道府県の裁量が広がりまして、そのぶん個人の資質が問われる場面が多くなりました。

――原さんの部署ではどんなことをしているんですか？

「新生活産業室」と申しまして、個人向け、家庭向けサービス業の振興を図っています。少子高齢化が進んできて、ライフスタイルが変わったことでサービスが多様化してきて、例えば、高齢者が身の周りのことをやってもらいたいとか、保育園で子供を預かってもらう時に預かるだけでなく英語を教えてもらいたいとか、県民の皆さんのこういうサービスがあったらという気持ちに応じられる事業者を支援しているんです。

――これから先、ますます需要が多くなってくる分野じゃないですか。

そうですね。国も取り組みを進めておりまして、経済財政諮問会議では「生活直結型産業」として、医療や介護、保育、教育、生活などの支援サービスが議論されています。

――今後考えられるものとしてはどんなことがありますか？

産学連携に積極的に取り組みたいと思っております。これまでの産学連携といいますとある分野に限られていましたが、サービス業の企業の皆さんと大学の先生が意見交換する中で新しいサービスを作っていただこうと思っております。現在は福岡大学や中村学園大学、福岡県立大学、福岡女子大学、そして九州大学とお話を進めているところなんです。それにしてもサービス業というのは比較的設備投資が少なく始めやすいですが、アイディアを生み出し経営を続けていくのが大変ですね。

――行政が仕掛ける産学連携、今後どのように広がっていきますかね？

まずは大学の先生方による発表会を開催しますので、地元企業の皆さんにご参加いただき、そこからアイディアを得て、一緒に新しいビジネスを生み出していただくことを期待しています。自社には関係ないと思わず、企業の皆さんにはぜひ参加していただきたいですね。

私にはなかった発想との出合い

鶴丸貴信さん
経済産業省　九州経済産業局　産業部
消費経済課製品安全室　製品安全第二係長
（入学時31歳）

99年通商産業省（現経済産業省）入省。資源エネルギー庁、（独）産業技術総合研究所を経て現職。現在、社会人学生としてQBS在学中。福岡市在住。

後藤：お勤めの経済産業省というと民間経済の発展を促す仕事がありますが、ビジネス・スクールに入学したのはそれと関係があるんですか？

鶴丸：民間企業には研修で行かせていただいたことが少しあるんですが、実態を十分つかみきれていないという部分が多くありますので、それを授業、あるいは民間企業に所属している方と交流することで学んでいけたらいいなあというのはありました。それから、ビジネス・スクールには、仕事も人生も含めた今後のキャリアプランのヒントを探しに来る人が多いと言われるんですが、それもありますね。

鶴丸貴信さん

――行政改革の話題も気になりますしね。

改革はいいんですけど、その中でやはり行き詰まりを感じることはありますね。

――学校で民間企業の方々と交わってみていかがですか？

様々な業界の方の様々な考え方に触れられて、私自身にはなかったような発想に出合えて大変刺激的ですね。

――鶴丸さんの専門分野は、資源エネルギー、製品安全ということなんですが、関連する授業内容はありますか？

直接ではないものの、経済産業省は幅広い分野を扱ってますし、行政も企業も組織であることに変わりはないので、一般的な組織マネジメントや人材マネジメントの講義はとても役立ちます。また産業政策をどうすべきか、という点でも、様々な業界の最新の動向について勉強できるので授業内容が活かせます。

――そうやって外に出たことによって、経済産業省内の見え方はどうなりました？

官庁の中では比較的自由度が高く、風通しのよい組織だとは思いますが、民間企業の機動力に比べると、まだまだ工夫の余地はあるんじゃないかと感じますね。例えばＩＴを活用したシステムや、意見をより自由に吸い上げるシステムであるとか。

――ところで、九州大学のビジネス・スクールはアジアを意識していますが、経済産業省として、九州経済とアジアを結び付けることは何か考えていますか？

まさにそれが課題です。私が勤めている地方の支部局は、行財政改革や地方分権の推進で、職員や予算の削減が進んできています。道州制の議論も盛んに行われていますが、この先、地方支部局がどう在るべきなのかは、今後突っ込まれてくるところなんです。ですから、我々に何ができるのか、国際的な視点も含めて、企業や市町村などあらゆる方面と連携を図っていかなくてはならないと思っています。

――縮小されるのを待つのではなく、なくてはならない重要な存在になるよう活路を見出さなくてはならないということですね。

そうです。私の信条は、「気に入らないことがあれば、自ら変えよう」なんです。誰かが変えてくれるのを期待するんじゃなくて、自分が、あるいは仲間を募って動き出すことが大切だと思っています。その中の一つのきっかけがビジネス・スクールなのかもしれません。

果敢にリスクをとること

横手正樹さん
福岡市役所こども未来局　主査
（入学時30歳）

政府系金融機関を退職後、福岡市役所入庁。総務企画局行政経営改革室、財政局財政部など要職を経て現職。現在、障がい児施設整備に関するプロジェクトリーダーとして奮闘中。福岡市在住。73年生。単身でユーラシア大陸横断の経験あり。

後藤：ビジネス・スクールに入学した頃はどんな部署に所属していたんですか？

横手：入学して卒業するまでの間は区役所におりました。卒業と同時に財政を担当する部署に異動になって、近頃まで問題になっていた市民病院とこども病院の移転統合に関する特別チームにも入っていました。

――とすると、ビジネス・スクールで学びたいと思うきっかけになった仕事は…。

入学前に行政改革を担当するセクションにいたんですが、当時、福岡市の行政改革に民間

横手正樹さん

の経営ノウハウを取り入れようという大きなムーブメントがありまして、試行錯誤してもなかなか上手くいかないものですから、民間の経営をきちんと勉強しようと思ったんです。

――そうでしたか。通ってくる多くの方は民間企業出身だったと思いますが、よく言われるような官民の違いは感じましたか？

民間企業の方は、リアルに物事を見る目が大変優れているように思いました。行政の世界にいますと、話をロジカルにまとめて、美しい論理展開で説明しがちなんですが、リアルに物事を見ないと、それが上手くいっているのか上手くいってないのかを改善する方策も出て来ないんですよね。

――学んだことを行政に持ち帰って実際に使えるものなんですか？

そこはなかなか難しいところではあるんですが、病院の移転統合の仕事では、公の病院でありながらどうやって経営を成り立たせていくのかを考えなくてはなりません。そういった部分で、事業の対象を考えたり、強みを考えたりする時、ビジネス・スクールで学んだことが活かせましたね。

――いま所属されているこども未来局の障がい児支援課では、学んだことはどう役立ってますか？

私は、比較的大きな障がい児施設を立ち上げるプロジェクトを担当しているのですが、これはもうひとつの事業体でして、建設もするし、人も採用するし、そして収入もあります。この施設を出来るだけ効率良く、機能的で、さらに市の財政の負担にならないようにするにはどうしたらいいのか、そうした観点で、学んだことを活用できると思います。

――財政の負担にならないようにしながらも、サービスの水準は高く維持するということは、今後ますます行政に求められていく課題ですからね。でも、一人の行政マンが、ビジネス・スクールで学んで何とかしようとしている姿は市民にとっては心強いですよ。

夕張市のように、財政破綻の危険がある自治体は全国に多くあるようです。自治体も勝ち組と負け組に分かれるのであれば、そこで働く職員にとっても生き残りをかけたサバイバルです。これからの時代、公務員も積極的に外に出て民間から学ぶべきことは学び、自己を差別化していく必要があります。

――ビジネス・スクールでの学びを通して、横手さんの中で一番変わったことはなんですか？

自分の役割について、リーダーであろうとする自覚ができたということです。私にとって、ビジネス・スクールで一貫してたたき込まれたことは、「将来のために責任を覚悟して、果敢にリスクをとれ」ということでした。私は、公務に従事する者ですから、これは特に心に響きました。以前は、組織の中で「なぜ俺が…」と、ひるむところもあったのですが、そこは能力の如何ではないんですよね。批判を受けることも多いですが、必要だと感じることには、とにかく挑戦していますし、それなりに自信も持てるようになりました。

本音と本音で裏表なく語り合った日々

寺田沙織さん
福岡市早良区市民部保険年金課　主任
（入学時25歳）

九州大学経済学部卒業後、福岡市役所入庁。QBS卒業後に出産、1年間の育児休業を経て現在は国民健康保険の保険料収納業務に携わる。福岡市在住。79年生。

後藤：入学した時は福岡市東区の保険福祉センターでお仕事をされてたんですね。
寺田：はい。生活保護の仕事をしてました。
――なるほど。それでビジネス・スクールに通おうと考えたのはどうしてだったんですか？
受験を決意した時は市役所の別の課の庶務とか経理をしてたんですけど、民間企業に勤めている友人に会う度に、会話がだんだんすれ違っていくのを感じまして。極端な例ですが、友人が会社の売り上げの話をすると、私は「売り上げって何だろう」という感じですね。

寺田沙織さん

――官と民の感覚の違いですかね。

そうですね。そういったところにちょっと焦りを感じました。どちらかというと、マネジメントというよりはビジネス感覚を自分の中に身に付けたいなというのがビジネス・スクールを受験したきっかけですね。

――ビジネス・スクールの学生は民間企業出身の方が多かったと思いますが、その中でどんなことを感じました？

公務員だから何かが足りないというわけではないんですが、一番驚いたのはコスト感覚ですかね。正直言いまして、自分のやった仕事がどれだけお金がかかっているのかを考えたことがなかったものですから。民間企業の方は、自分が動くこと自体お金がかかってるから、それを考えて利益を生み出すってことに長けてますね。

――官と民が情報交換する交流の場にもなりそうですね。

もちろん、産学連携という言葉もありますし、そういう授業もあります。仕事上の付き合いじゃないところで、お互いの知らないことを話し合い、本音と本音でぶつかり合い、同期として裏表なく語り合えたことは大きな収穫でした。

——今の仕事に活かせる場面はあるんですか？

これが、即つながってはいないんです。特に生活保護業務は、民間企業のコスト感覚で利益を追求してしまうと成り立たない部分があるので。

——逆に問題になっちゃいますからね。

どちらかというと公務員って、利潤を度外視しなきゃいけない仕事が多いって言われますが、公は利益を追求しちゃいけないっていうことで全てをかたづけるんじゃなく、利益を追求できるところとできないところを分けて考えていくのが必要なんだろうなって思います。

——女性の挑戦者が少ないビジネス・スクールですが、そのあたりはどう感じてますか？

育児中の女性という立場で言いますと、ビジネス・スクールはビジネスパーソンに通学しやすい時間帯に授業をやってますから、逆にいうと、育児中の女性にとっては、仕事から帰ってきた旦那さんに子どもの世話を任せられる時間帯ということにもなりますよね。ですから、学びたい女性を周りがサポートしてあげられれば、女性の受験生がもっと増えるのかなと思っています。

動機は不安解決でもいいんですよ

岡本洋幸さん
（財）九州経済調査協会　情報研究部
主任研究員
（入学時36歳）

職場では流通や個人消費を研究テーマとし、また会員企業とのリレーションシップを担当。QBSでは、同期の友人と共にQBSのロゴが入ったTシャツやバッグなどの「QBSグッズ」を製作している。

後藤：岡本さんは経済に関するお仕事ですから、MBAの学びが存分に活かせそうですね。

岡本：そうですね。地域経済を理解する上では、主要プレーヤーである企業の戦略と行動を理解する必要がありますので、ビジネス・スクールで学ぶマーケティングや財務などの知識が役に立ちます。しかし、そもそもの入学動機は違うんです。会社を取り巻く環境は大きく変化していて、会社だけでなく自分自身が変われるのか、そういった不安感を解決したい思いがありました。

――環境の変化といえば、リーマンショック以降、九州経済もかなり影響を受けています。

岡本洋幸さん

九州のリーディング産業は自動車や半導体なので影響が大きいですね。ですから、企業も家計も節約思考になっています。ただ、こういう時だからこそ先を考えて、ビジネス・スクールで自己投資をしておくこともいいと思っています。

――そういった前向きな思考の反面、冒頭では「不安」という言葉も口にしましたね。

物事を悲観的に考えはじめると、その他のことも後ろ向きになりがちで、以前から「このままでいいのかな?」と思っていて、その解決策としてビジネス・スクールを選択しました。

――ビジネス・スクールは何か明確な目標がある人ばかりが集まってくるんじゃないんですね。ところで授業を受けていくうちに「不安」はどうなりました?

授業の準備の忙しさで、不安を感じる余裕すらありませんでした。「不安」とは少し違う話になるんですが、企業倫理の先生が「授業中、間違った答えはない」と話されていて、ビジネス・スクールは経営を疑似体験できるバーチャルな世界ですから、間違っていたとしても、そこから学ぶことがあればＯＫという意味ですね。まあ、私はよく恥をかいていますけど。

――いやいや、大きな発明は失敗から発展することが多々ありますからね。その他に印象的な授業はありましたか?

ビジネス・スクールといえば英語ですね。ある授業は、講義、質疑、レポートのすべてが英語でやり取りされまして、発言はクラスへの貢献として評価されるんです。それから、アジアのビジネス・スクールから留学生が一〇名ほど来ていますが、彼らは語学が非常に堪能で、発言が積極的なんです。その留学生たちの歓迎会を「英語で話す」という決まりを作って開催したんですが、いつもと一味違った楽しい宴会でした。

――あの「不安」はどこへやらってくらい楽しそうに話しますねえ。

ビジネス・スクールには、起業や転職を念頭において入学してくる学生もいますが、私のように将来に対して不安を持っている学生は結構多いんです。不安解決も入学動機としては十分ですし、在学中に解決策をみつけていけばよいと考えています。

第5章　世界とＱＢＳ

「アジアで活躍できるＭＢＡの育成」を目指し、
積極的に国際交流を推進するＱＢＳ。
各国からの留学生や海外で活躍する卒業生、
在学生の国際交流体験など、
世界との接点が垣間見えます。

不満を抱えた後に何をするのか

長南宏太三さん

株式会社サヴィー　R&D室　室長
上海颯維企画諮詢有限公司　董事
（入学時36歳）

日本通運株式会社航空事業部を経て現職。現在は日本・福岡をベースにひと月の約半分を上海の会社で勤務。上海の会社の総経理は、QBSで隣に座っていた中国人留学生の張雷君。研究分野は産学連携。福岡市在住。

後藤：長南さんがビジネス・スクールで学びたいと思ったのは何がきっかけだったんでしょうか？

長南：私の会社はイベントやセールスプロモーションを主業務としていまして、あるとき中国でイベントを行った際、中国の会社のマネジメントクラスの人たちの考え方、知識レベルというのが、日本の大学で学んだ我々よりも進んでいるように感じられたことが直接の動機付けになりました。それで、自分も何か学ぶ手はないのかを調べていたら、たまたま九州大学のビジネス・スクールを見つけたんです。

長南宏太三さん

――セールスプロモーションというのは、具体的にどんなことを手掛けたんですか？

携帯電話会社のプロモーションや自動車関係の展示会、それから福岡ドーム（当時）がオープンした頃にはコンサートの制作等をしていました。

――地方のイベント会社の多くは国内を市場にしていますが、またどうして海外に進出しようと思ったんですか？

ビジネス・スクールの授業で、自社市場領域の規模を想定する課題が与えられたんですが、私の会社にとっては好ましくない結果が出てきたんです。今後もさらなる市場変化が予想されているのに、うちの会社がこのまま日本だけでやっていくのはリスクだと再認識しまして、近くに中国という巨大な市場があるし、上海の市場成長率は高いですから、一回試しにやってみようと思ったんです。

──日本人が海外でビジネスを展開する際の大きな壁といいますと、日本との法律の違いと言われますが、そういったことでの不都合はありました？

まず法人の作り方が根本的に違いますね。現時点の中国では、外国資本、国内資本によって様々な業務の制限がありますし、会社の登記も資本金の額によって、法人の業種や業務が制限されていて認可されないんですよ。

──それは大きな違いですね。長南さんの経験から言いますと、海外進出で一番に気をつけるべきことは何でしょう？

最初に組むパートナーやコンサルタントの選定は重要ですね。私は幸運にもビジネス・スクールで隣の席に座った学生が上海近郊の出身だったんです。彼と意気投合しまして、中国の事情を詳しく調べてくれたので、助けられたことが多々ありましたよ。

──隣に座った同級生が大きな力になってくれるとは…。

そうですね。彼も私も最初そんなことを考えていたわけじゃなかったんですが、偶然そういう環境ができたんですよ。

──教授の教えのみならず、同級生のつながりもビジネス・スクールの良さですね。ところで、当面の課題は何ですか？

中国では勤務時間や年間の休日の考え方、時間外労働や休日出勤に対する報酬、また保障なども日本とは全く異なるので、そのような労働環境についての対応ですね。

――ビジネス・スクールでの経験から、これから何かを始めようとしている方にアドバイスをおくるとすれば？

仕事で不満を抱えている人は結構多いですが、そのあと何をするのか？　何をしたのか？　というところまで考えるといいでしょうね。難しいことを考えるよりも行動すること。その行動することの一つにビジネス・スクールへのチャレンジもあると思います。

自分自身で何かを見つけたい

斉　珂さん

パナソニック コミュニケーションズ株式会社
グローバルマーケティンググループ所属
（入学時25歳）

中国青島市出身。カナダ ブリティッシュ・コロンビア州 MAXWELL高校を卒業し来日。留学生として2年間QBSにて学んだのち、09年4月より現職。福岡在住。

後藤：中国から留学生してまもなく一年ですが、日本での生活には慣れましたか。

斉：ビジネス・スクールの雰囲気も素晴らしく、だいぶ慣れましたね。

――日本語がペラペラですね。

日本に来てもう今年で八年目になるんです。福岡市にある大学を卒業したあと、九州大学のビジネス・スクールに入学しました。

――中国はどちらのご出身なんでしょう？

斉　珂さん

山東省の青島です。

――青島ビールはよく知ってるんですが、青島ってどんなところなんですか？

気候は福岡と変わらなくて、青島市の人口は一千万人を超えています。

――中国の人口は規模が違いますね。斉さんは、いろいろな国への留学経験があるんですよね。

私は一四歳まで中国で過ごして、高校三年間はカナダに行って、卒業した後、親に「日本がいいんじゃない」と勧められてきたんです。その他には、文系の科目が好きなので、ドイツ語も勉強しようとドイツへも一年半留学してきました。ドイツには一年半しかいなかったので、生活用語のレベルしか話せませんが。ドイツの文化は深いですね。一つの建物でも、四〇〇年とか五〇〇年の歴史を持っていて、すごく味がありますね。

――中国も長い歴史があるじゃないですか。

最近は歴史のある建物が少なくなったんですよ。新しいビルがどんどん建ってしまって。

――中国もいまや世界の経済大国ですからね。ところで日本の魅力はどんなところですか？

若者にチャンスがいっぱいあるということですね。私はカナダの高校を卒業して、すぐ日本に来たんですが、よく友達に、「何で日本に来たの？　カナダのほうがグローバルな仕事ができるんじゃない？」って聞かれるんです。私が住んでいたバンクーバーもトロントもそうですが、お金のある裕福なアジア系の移民が行くことが多いんですね。でも本気でベンチャーを起業したいとか、自分の夢を見つけたいなら、日本の方が絶対いいですね。日本は頑張れば認めてくれるんですよ。カナダはチャンスが少ないと感じましたね。

――そうすると、斉さんは何かをやりたいという目標があるんですね？

親が中国で会社を経営していまして、度々跡継ぎの話になるんです。そういうこともありまして、ビジネスのスキルとかを身に付けようとビジネス・スクールに通おうと思ったんです。

――ということは、後々は親御さんの仕事を継ぐんですね。でもビジネス・スクールに行くとまた別にやりたいことが出てきたりするって話も聞きますよ。

全くその通りですね。同級生はいろんなバックグラウンドを持っているので接していると影響を受けます。これまで持っていた自分の感覚、価値観と変わってきた部分が最近増えてきまして、親の跡を継ぐのはどうしようかなあと。やっぱり自分で何かを見つけて、自分の道を歩くのがいいかなあと思いますね。

――その話は親御さんに伝えましたか？

あっ、言ってないです。言ったら怒られると思いますので。でもまだまだ勉強することがたっぷりありますので、これからです。

日本とマレーシアをつなぎたい

シャズリンダ・モハマドユソフさん
マレーシア国立大学（UKM）
経済学部　教員

アルプス電気（マレーシア）株式会社を経て、QBS卒業後、現職。現在はマレーシアでもトップランクの大学で活躍し、ハラル食品産業に関する研究を行う。6歳児と4歳児の母。76年生。

後藤：小さなお子さんが二人いらっしゃって、子育て真っ只中でありながらビジネス・スクールで勉強されていますが、やってやれないことはないですか？

シャズリンダ：上の子が三歳半で下の子が一歳半なので、一言で言うと大変です。

――それでもビジネス・スクールで勉強したいという強い気持ちがあるんですね。それで、どうして日本の大学に行ってみようと思ったんですか。

マレーシアの留学生は大体イギリスやアメリカに行くんですが、私はもう英語ができるので、別の言葉を学ぼうかなと思って日本に行くことにしました。ちょうどマハティール前首

シャズリンダ・モハマドユソフさん

相時代に、統合政策の一つに奨学金で日本に行かせるという制度がありまして、それを利用して日本に渡ることになりました。

――九州大学の電気情報工学科を卒業されて今は経営学を学んでいますが、もともとは理工系だったんですね。

ずっと憧れていた職業がエンジニアだったんですよ。

――エンジニアになっていたら、シリコンバレーに行って大きく羽ばたくなんていう夢が広がりそうですが、今一度日本で経営の勉強をしようと思ったのはなぜですか？

九州大学の学部を卒業した後、マレーシアにある日系企業のアルプス電気に就職してマレーシアに戻ったんですが、六年後に退職しました。

――どうして退職しようと思ったんですか？

ＭＢＡを勉強したかったんです。それで大学を探していたら、たまたま九州大学のビジネス・スクールのホームページにあたりまして、やったと思いましたね。

――MBA取得のための留学というとアメリカやイギリスに行く方も多いですが。

その頃アメリカで同時多発テロ事件があり、私はイスラム教徒ですから危ないと思いまして。ちょうど下の子供を出産したばかりでしたし、子供を連れて行くつもりでしたから。

――それにしてもその行動力は素晴らしいですね。実際に勉強をされてみていかがですか？

すごくいいですね。特に経営戦略の授業、あとはネットワークが広がってきたことはとてもいいと思います。

――そのネットワークが広がったことの良さというのは具体的にどんなことですか？

様々なバックグラウンドを持った同級生や先輩、後輩たち、そして他の国から来た方と出会うことができて、遠慮なくいろんな話を聞けることですね。

――この学びを通して、今後どんなことをやっていきたいですか？

マレーシアには日本企業がたくさんありますし、マレーシアにある欧米の企業で日本の企業とやり取りをしているところも多くあります。そういったところに関わっていけるように、ジャパニーズ・スタイルのマネジメントを理解して、コンサルタントとしていろんなことを展開して、日本とマレーシアの掛け橋になりたいと思っています。

タイを伝えたいんです

冨松寛考さん

タイ国政府観光庁 福岡事務所
マーケティング・オフィサー
（入学時35歳）

幼少時（81～83年）をタイで過ごしたことがきっかけで現職。タイ語通訳としても活躍。佐賀県鳥栖市在住。小学生2児の父。71年生。

後藤：タイの観光情報などを伝えてもらうために番組出演していただいている関係で、以前よりお付き合いしているんですが、私の知らぬ間にビジネス・スクールに通ってたんですね。

冨松：そうなんです。九州大学にビジネス・スクールが出来た時からちょっと興味があって。さらに心平さんの番組でＢＢＩＱ モーニング・ビジネス・スクールも聴いていて、「これ面白いな」と思ってたんです。で、公開授業を見に行ったら、「そんなに楽しいの？」ってことになりまして受験したんです。

冨松寛考さん

――実際ビジネス・スクールってどんなところでした？

一言で言うと「楽しい」ところですね。今まで全く触れ合うことのできなかった業種の人に会えますし、通ってくる皆さんは実務経験が様々なので、吸収するものが多いんです。「あぁ、俺はこんなことも知らなかったのか」というのがいっぱいあるわけですよ。それで「新聞をもう少しきちんと読もう」となるし。

――冨松さんは、いかにして日本からタイに観光客を呼び込むかというのがお仕事ですが、それと学んだ経営学をどうつなげようと思ったんですか？

タイ国政府観光庁で仕事をする中、どうしても民間と行政で垣根があるので、それをとっぱらうようなことはできないかと。例えばアンテナショップをするとか。しかし観光庁の中にいるとちょっと感覚にずれが生じて。「タイが好き」というのはあっても、実務的に追い付いていない部分があるので、ビジネス・スクールで学んでみたかったんです。

――ということは、タイ国政府観光庁から、「ちょっと、行ってきたらいいんじゃないか」ってことなんですか？

違うんですよ。合格していよいよ入学するという時に、実はこうなんですって会社に言いまして。みんな「いいじゃない」って応援してくれて、それがすごく後押しになっています。

――学んだことを活用できてますか？

正直言って、まだないんです。学んだことがバラバラの積み木の状態で、それをどう積み上げていくのかを考えているところなんです。

――「ビジネス・スクールで学んだ内容が観光の分野にどう結び付くのか」。これはすぐ答えが出なくても、今後を長く広く考えれば、いずれ活用できる場面が来そうですね。

そうですね。その部分はじっくり考えていきたいと思います。ただ、やっぱり根本にあるのは、「タイを伝えたい」ということです。僕は幼少をタイで過ごしてますので、第二の母国と考えています。そのタイを、いかに九州の人に伝えるかなんです。日本ではアジアというと、まだ少し蔑視というか、軽視していると感じることがあるんです。

――それはどういうことなんですか？

アジアの中の日本にいるのに、タイに行くのが「アジアに行く」っていう感覚なんです。「じゃあ福岡は何なの」って思うんです。東アジアとか東南アジアっていう認識を持って、タイという国やアジア全体のことを考えてもらえればいいなって思ってます。

――熱い思いがあるんですね。

ただ、仕事をしているとどうしても行き詰まる時がありますから、そんな時は自分の専門外の分野に目を向けることで、学ぶことや気付くことがあります。ビジネス・スクールはそのきっかけにもってこいじゃないかと思います。

本当に何も考えていなかった

イム・チュンさん
㈱ビービーエムエフ（中国）執行役員
㈱ビービーエムエフ（台湾）代表取締役
（入学時25歳）

本社を日本に置く株式会社ビービーエムエフの南京、および台湾の子会社において、それぞれ執行役員と代表取締役として運営と管理を統轄する。香港在住。6ヶ月の1児の母親でもある。

後藤：日本語が流暢で、広東語、上海語、北京語、そして英語も話せるんですね。すでにグローバルに展開する能力を持っている印象ですが、日本の大学で勉強しようと思ったのはどうしてだったんですか？

イム：「ＪＥＴプログラム（日本政府による語学指導等を行う外国青年招致事業）」に参加していた時、熊本の荒尾で一年間生活していて、すごく楽しくて、日本にもっと居たいなと思っ

イム・チュンさん

たんです。それから、日本の大学院に入ればもっと日本語が上手になれると考えました。でも、受からないだろうと思って受けたんですよ。で、もし受からなかったとしても、日本の大学の面接がどういうふうなものなのか知るだけでもいいと思ったんです。

――受からないだろうから受けないんじゃなく、最終的には何かが得られればいいと思って受験したんですね。それで、ビジネス・スクールに入って、その先何をやろうと思ったんですか？

何も考えてなかったというのが本音ですね。ただ、ビジネス・スクールに入れば、卒業してから何かビジネスができるかなあと思って。どんな仕事をやりたいとかは、はっきりと考えてなかったですね。

――おそらく同級生たちは「私は卒業したらこういうことをやりたい」って話すことがあったでしょう？

そうですね。大手企業に所属しているスマートなしっかりした人たちがいましたから、私は子供みたいな感じがして。

――そんな雰囲気の中で勉強してみていかがでしたか？

すごく勉強になりましたね。ビジネスのナレッジ（知識）、ベーシック（基礎）、マネジメント（管理）、組織とか、私にとっては全く新しいものですから面白かったです。

――異国の地で勉強するのに少しも不安はなかったんですか？

あぁ、ないです。毎日、授業の前は「宿題はどう？」、「まだやってない」とか「全然分からない」とか話して、授業が終わってからも、皆「分からないなあ」って顔をしていたので、日本人でも分からないなら大丈夫かと考えるようにしていました。

――話は変わりますが、今イムさんは、南京と台湾の会社でオペレーションのマネジメントをしているんですね。ビジネス・スクールで学んできたことは役に立っていますか？

もちろん。私はビジネス・スクールに入る前はビジネスの経験がなかったので、会社のマネジメントをする感覚、アイデアも全くありませんでした。授業でビジネスのケーススタディをやったこと、それからテキストの中の知識だけじゃなくて、同期の人とのコミュニケーションで得たものが役に立ってますよ。

――同級生とのコミュニケーションはすごく大事だったんですね。

そうです。特にマネジメントはコミュニケーションが重要になってきます。企業でも会社でも学校でも、みんな人が集まっていて、人がいないと成り立たないです。会社は皆の力で仕事ができていますので、マネジメントする私は、社内の人のことをちゃんと知って、その人の強みと弱みを把握していけば、いいチームを作っていけます。

――話す言葉も力強いイムさんですが、常に大事にしていることはなんですか？

"Try your best. Never give up." ですね。まずはトライしてみることが一番。そうしないと何も始まらないです。結果も重要なんですけれど、結果に至るまでのプロセスを経験することも大切なことの一つですから。

誇りを持って

高橋利幸さん

大手印刷会社　営業部
（入学時34歳）

地元育児情報誌編集長を経て現職。企画の立案、編集など。今年のテーマはＴＯＥＩＣと環境検定試験。課題はｍｉｘｉ「ＱＢＳコミュニティ」の盛り上げ（管理人）。春日市在住。3児の父。72年生。

後藤：高橋さんは、大学を卒業したあとの三年くらいで、世界五〇ヶ国を旅してきたんですね。

高橋：はい。あらゆる奨学金制度などを利用して行ってきたんです。例えば、スウェーデンでは学費を免除してもらって大学に半年通ったり、政府の海外派遣プログラムで日本代表としてアフリカやアラブに行ったり。九州大学ビジネス・スクールでは、北京へ研修に行ったんですが、それも一部補助が出ました。

――探してみると、いろんな制度がありますからね。

そうなんです。今は研修制度がかなり充実している企業もありまして、韓国の三星《サムスン》電子で

高橋利幸さん

は、三〇歳前後の社員を対象に、一千万円の経費をかけて「一年間好きな国に行ってきていいよ」という制度があるそうです。ビジネス・スクールの授業で聞いた話なんですけどね。

――それもすごい話ですが、五〇ヶ国歴訪の経験もすごい。

いろいろな意味で大きかったですね。中でも人との出会いで考えさせられることは多くありました。タンザニアの大統領にお会いする機会があったり、国の独立のために銃を撃った経験があるという、アフリカから留学していたクラスメイトと出会ったり。そういった様々な立場の人と会う中で、「人というのは上も下もないな」と思うようになったんです。国を代表する要人であっても、夜になればガールフレンドの話をしたり、オリンピックで金メダルを取った人でも、競技から離れれば、考えることは私たち一般人とそれほど大きな違いがあるわけではありませんでした。今、日々の仕事の中で様々な立場の人にお会いしますが、海外でのそういった経験から、先入観にとらわれず、物怖じせず人と接することができるようになったと思っています。

――どうしても肩書きや経歴でイメージしがちですから、それにとらわれなければ、また違った接し方ができるでしょうね。ビジネス・スクールでは、様々な業種の会社のトップから若手までが集って、みんな学生という同じ立場で学びますが、そこでの出会いはいかがでしたか？

肩書きの先入観は持たなくても、輝いてる人には圧倒されますね。そういう人はみんな共通して「誇り」をもって仕事をしてるなあと感じます。ビジネスをするうえで「儲けなきゃ」って考えるのは当然なんですが、すごい人はそういうものを超えてる気がしますね。

――仕事が上手くいって稼いでるから人間的に輝いているかといったら、必ずしもそうではないということでしょうか。ＱＢＳでの学びを通して、ビジネスで大切なことは何だと考えましたか？

お金のこと以外も含めて、損得ばかりを考えるんじゃなく、いま話した「誇り」をもって仕事に取り組むことができれば、それでいいじゃないかと考えています。

――そういうことは忘れたくないですね。一言で言うと、ビジネス・スクールとはどんな所ですか？

志が高い、人間力を持った人が集まってくる場所です。そういう人と出会うこと自体が、その後の仕事や人生において、大きな財産になると思います。

第6章　技術者とビジネス

ＭＯＴ教育もＱＢＳの特徴の一つです。
理系の職業的バックグラウンドと
優れた専門能力を持つ技術者が、
その力を活かす方法がここにあります。

ネットワークを活かしまくり！

坂本　剛さん
九州大学知的財産本部
起業支援グループ・リーダー／特任准教授
（入学時39歳）

九州大学工学部卒業後、大企業・中小企業・ベンチャー企業を経験し、04年1月から現職にて大学の研究成果の事業化・ベンチャー支援を行う。08年3月にＱＢＳを修了（4期生）。福岡市在住。66年（丙午）生。カラオケでは松田聖子をこよなく愛す。

後藤：「知的財産」という言葉も随分一般に浸透してきましたね。

坂本：ええ。私が所属する知的財産本部は、九州大学の産学連携を担う組織で、中でも私は、大学発ベンチャーを起業しようという先生のサポートや学生がベンチャーを立ち上げる際の支援などを行っています。

――ビジネス・スクールでは、まさにそういったことを学ぶ授業がありますね。

坂本　剛さん

そうなんです。私は、大学発ベンチャーの支援という点で経営やMOT（技術経営）の実務に携わっていまして、更にスキルアップをするべく、また、経営を体系的に学ぶ機会を探してビジネス・スクールに入学したということなんです。

――学んだことはダイレクトに仕事に活かせそうですね。

はい。私が働いている知的財産本部では、大学発ベンチャーを目指す九州大学の先生方に、経営のことについて指導する場面がよくあるんですが、そんな時もわかりやすく説明できるようになりましたね。それから、ビジネス・スクールの同窓生のネットワークづくりができたのはかなり大きなことです。

――ビジネス・スクールで学んだ皆さんは口を揃えて「ネットワークは重要」と言いますね。

特に私の場合は、ネットワークが直接仕事につながっているんです。というのは、大学の研究成果を事業化する際に「大学の先生と一緒に事業を立ち上げる経営人材がいない」という点が大きな課題と言われています。そんな場合に、ビジネス・スクールで学んだことをベースに起業を目指そうと思っている社会人学生と、大学発ベンチャーの設立を検討している先生方とを結びつけることができるんです。そのような事例が今まで数社あります。そういった意味で、ビジネス・スクールのネットワークが、私の仕事において有効なんです。

——人と人とのつながりが決め手になるって様々な業種で言えることですよね。仕事以外での同窓生とのネットワークはいかがですか？

例えば、ビジネス・スクールには留学生もいます。僕らの同級生にマレーシアからの留学生がいて、彼女がマレーシアツアーを企画してくれてマハティール元首相に直接会いに行きました（結局、マハティール元首相の体調不良により面会は実現しなかった）。また、高速船ビートルで韓国へ卒業旅行をした際には、鉄道会社所属の同窓生にお世話してもらいました。そして、韓国に着いてからは、韓国系の同窓生がアテンドしてくれたりと、ビジネス・スクールのネットワークからいろんな恩恵を受けています。

——それもこれも、大変な思いをして卒業生の同窓会組織の会長をしている（当時）役得ですね。

そうなりますかね。勿論、仕事でもこの同窓会組織のネットワークを使っていろんな実績を残していければなと考えています。

――ビジネス・スクールで得たものを仕事からプライベートまで存分に活かされていますね。

すみません。活かしまくっています。

――ビジネス・スクールの卒業生を束ねている立場から、いろんな方面から相談を受けることも多いようですね。

ビジネス・スクールに出願するのを迷っていて、「私はこういう仕事をやっているんですが、受験しても大丈夫なんでしょうか?」と言われる方がいらっしゃいますが、何の仕事をやっているかはあまり関係ありません。ビジネス・スクールでは様々な業種の方が学んでいますし、どのような業種間のコラボレーションでイノベーションが生み出されるかわかりませんので、まずは是非挑戦していただきたいと思いますね。

地域の経済振興につなげていきたい

尾知　博さん
九州工業大学情報工学部電子情報工学科　教授
㈱レイドリクス　代表取締役

05年に九州工業大学発ベンチャー企業を起業。無線LANなどのLSIチップの設計を手がけている。九州工業大学情報工学部教授との兼業。工学博士。

後藤：尾知さんは、現在、九州工業大学情報工学部電子情報工学科の教授で、九工大発のベンチャー企業のCEOでもあるのですが、そういうポジションにいながらビジネス・スクールに入学しようと思ったのはどうしてだったんですか？

尾知：今まで二つベンチャー企業に関わったり、技術顧問になったりしたのですけど、いわゆるP／LとかB／Sという財務諸表を出されても何のことかちんぷんかんぷんで。経営に携わっているのに、財務だとか金融の素人じゃいけないなと思って、MBA（経営学修士）

尾知　博さん

を学ぼうと思いました。

――しかし、教授として大学のこともあり、CEOとしてベンチャーのことも手掛けながら大学院に行って勉強するのは、並大抵のことじゃないですね。

工学系の大学は、産学連携とかで企業と一緒に仕事をすることがあるのですけど、そういうのをちょっと少なめにして、時間をやりくりしました。ただ、大学の教官だからということではなくて、多分企業に勤める人でも無理矢理作らないと、時間って出来ないいんじゃないかなと思うんですよ。

――そこにチャレンジしていったというところが本当にすごいなと感じます。ところで、CEOとして携わっている「レイドリクス」という会社はどんなことをされてるんですか？

大学発ベンチャーなので、大学の知的財産あるいは技術開発などの結果を技術移転しています。九工大に信号処理研究室とかネットワーク研究室という所があるのですけど、そこの研究成果を移転していて、具体的には無線LANのLSIチップの設計をやっています。簡単に説明しますと、地デジのフルスペックのでっかいハイビジョンのテレビがありますが、あれを無線で飛ばす際、従来の無線LANだと性能やスペック的に足らないので、一〇〇Mbpsというスピードで送るチップの開発をやっております。

――その需要はいかがですか？

まだまだ次世代のものなので、マーケットがそんなに開けてないというところもあって、一言でいうと鳴かず飛ばずですね。

――そうですか。でも、ベンチャーというのはそういう地道な研究開発を続けて、いつか一気に花開くって聞きますから、どんな形で結果が出るかわくわくしますね。で、ビジネス・スクールでの経験はどんなふうに活かされてますか？

一言で言うと経営のテクニカルなところですね。先ほど話した、財務諸表を読めるとか財務のことがわかるとかいうのも多少はあるのでしょうけど、それよりも「経営とは何か」ということを考えられるようになったのが一番の収穫だったかなと思います。

――以前は経営に対してどんなふうに向き合ってたのですか？

まぁ、闇雲ですよ。それが今は整理されて、こういう場面だったらこういうツールを使えばいいなという、テクニカルなところもきっちりしてきました。だから落ち着いて、「経営とは何だ」とか、「人の管理とは何だ」とか、「プロジェクトの管理とは何だ」とかを考えられるようになったということですね。

――今後の目標はどのように考えていますか?

私は沖縄の大学に一七年いたんですけど、正確な数字は忘れましたが、東京の平均所得と比べると沖縄は半分くらいだと聞きます。九州も平均所得は低いほうに入ります。そうした中で、地方の大学が関わるベンチャーなどが、地域の経済振興につながっていければと思っています。

想像以上に刺激的！

汐月健太郎さん
アビーム・コンサルティング株式会社
シニアコンサルタント
（入学時32歳）

株式会社NTTドコモを経て、QBS在学中に転職し現職。通信・メディア関連の新規ビジネス立ち上げ、企業再生を中心としたコンサルティング業務に従事。業務の傍らQAN（同窓会組織）東京支部長を兼任。横浜市在住。75年生。

後藤：汐月さんは元々は技術職だったんですすね。

汐月：はい。携帯電話のエリアの形成や端末の開発などに携わってきたんですが、突然、経営企画部という部署に配属になりまして。そこで、それまで全く馴染みのなかった経営学を体系的に学ぼうと思ってビジネス・スクールに挑戦したんです。

――部署が大きく変わるとそれだけで一杯いっぱいになりそうですが、積極的に攻めますね。

尊敬している上司がビジネス・スクールを卒業していたことも大きな理由ですね。

汐月健太郎さん

——その方からは、どんなところだと聞いていたんですか？

いろいろな意味で、とにかく良い場であるから受験するようにと言われました。

——入学からの一年を振り返ってみていかがですか？

国籍、年代、職業が違う、様々なバックボーンを持った四十数名の同期と瞬間的に知り合いになったことは想像以上に刺激的で、ほんとうに充実した一年間でした。

——一年間の学びで仕事に役立ったことはなんでしょう？

入学した頃はよく分からなかった経営用語が、少しずつ理解できるようになってきて、最近では、得た知識や事例を用いて、いろんなアプローチで提案できるようになったと感じますね。

——それにしても近年の携帯電話業界の競争はかなり激しいものがありますね。

そうですね。毎年のように、新たな料金プランが生まれ、業界にいる自分たちでも付いていくのが精一杯なんです。ですから、それ以上にお客さまは複雑で困ってるんじゃないかなと危惧しています。

――ビジネス・スクールでは自分の仕事に関係する研究もできるんですか？

各自が決めたテーマについて考察を深めて、プロジェクト論文をまとめる演習がありまして、私は携帯電話事業会社に勤めていますので、入学する前から、国内の携帯電話メーカーの国際競争力を高めるにはどうすればよいかという研究をしたいと思っていました。

――日本は少子高齢化で人口が伸びなくて需要が頭打ちという流れになっていますから、関連する業界は、早く世界に目を向けなきゃいけないですからね。

携帯電話業界の大きな選択肢の一つも世界市場であると思っています。

――そうすると、プロジェクト論文は仕事に直結するような内容になるんでしょうね。勉強というより、仕事の一角をなしているようなビジネス・スクールですが、その魅力はどんなところですか？

自分の興味のあるテーマについて、多彩なバックボーンを持った先生、先輩、同級生の意見を織り交ぜながら、じっくり時間をかけて向き合うことができるところですね。ですから、自分が取り組みたいテーマを持っていらっしゃる方は、ビジネス・スクールを活用すれば、より大きな成果が得られるんじゃないかと思います。

学べば学ぶほど…

樋口元信さん

株式会社　山口油屋福太郎
総務財務本部　部長代理
（入学時30歳）

九州大学大学院農学研究院博士課程修了後、地場食品会社で商品研究と財務部門を担当。「食」の安全・機能性評価と開発の傍ら食道楽にも余念がない。九州MOT研究会発起人。一姫二太郎の父でもある。72年生。

後藤：「明太子の福太郎」にはお土産などでお世話になっています。

樋口：ありがとうございます。私の勤務する会社は明太子の製造販売以外に、業務用の食材をレストランなどに卸しているんです。

――食品業界にお勤めで農学部出身ということは、学部時代の専門は食料関係だったんですか？

食糧化学工学という勉強をしていたんです。食品分析学という研究室におりまして、食品の機能性や、食品のバイオセンサーの研究をしていました。

樋口元信さん

——とすると、経営学との接点は…。

いつか会社の経営に携わりたいと考えていまして、そのための勉強をしたいなあと思っていたところ、九州大学にビジネス・スクールが設立されたんです。経済も経営も全く学んだことがなかったものですから、入学当初は簿記の基礎も知らず、かなり苦労しましたね。

——全くのゼロからでも出来るものですか?

勉強していくうちに、いろんな経歴を持った人と友人になりまして、思考に幅が出てきたんです。そういう部分で頑張れたことは多々ありました。自分の仕事で問題に突き当たった時でも、「あの人だったらどういう方法をとるかなあ」って考えてみたり、教科書を読み返してみたり、あらゆるものに対する思考の幅が広がったのは一番の収穫と言っていいと思います。

——授業で学んだことによる仕事上の変化はありました?

それまではあまり金額的なものを見ていなかったんですが、お金の流れを考えて動くようになりました。それから、MOT（技術経営）の分野に関して、自分が持つ技術的なバックグラウンドとビジネス・スクールで学んだ経営学との接点を意識するようになりました。もともと「食の安全・安心」というのをライフワークとして研究していたんですが、科学的な視点に加えて経営的な視点を養ったことで、より有意義な研究ができています。

――「食の安全・安心」は、今や食品業界では最重要項目でしょうから、そういう話を業界の方に直に聞くと安心しますね。それにしても、まだまだ学びや研究への欲は尽きませんね。

学べば学ぶほど、次に学びたいものが出てくるんです。今は九州MOT研究会というものを発足させて、月に一回ペースで勉強会を開いていまして、この場で得られた研究成果を学会などで発表するというケースもあります。

――楽しそうにいきいき話されてるのを目の前で聞いてたら、なんだか勉強したくなってきましたよ。

ビジネス・スクールはお薦めですよ。在学中のみならず、修了後も学習できる場や先端の知識を提供してくれますので、私も大いに利用しています。

仲間が頑張っていることが自分の励みに

Kさん

鉄道事業会社　安全推進部所属
（入学時29歳）

社内でソフト、ハード面の安全向上対策を担当する傍ら、社会人学生としてＱＢＳに在籍し、企業の安全性向上促進のため安全会計の研究を行う。福岡市在住。1児の父。78年生。

後藤：所属部署ではどんな仕事をされているんですか？

K：社内に複数ある技術関係部門を束ね、いかに鉄道の安全性を高めるかを考えています。

――技術的な仕事でありながらビジネス・スクールで経営学を学んだのはどうしてだったんですか？

安全を守るにはルールがありまして、ルールのためにはいろんな設備があります。その設備を作るためには、お金がかかり、人を動かさなければなりません。そういった業務をする上で経営学的な知識が必要だと感じたんです。鉄道の技術的な話もできなくてはなりませんし、設備投資ではお金の話を財務部門に相談しなければならなかったので、その知識を身につけたいと思ったんです。

――しかし仕事をしながら勉強するって容易じゃなかったでしょう?

それが、学校に通えば毎日のように講義があって、それに対する予習復習、レポートの提出があるので、半ば強制的に勉強するという状況になるんです。スケジュールを学校から管理されますからね。一人で勉強してますと、用事や付き合いが入ってストップしてしまう場面がよくあったんですよ。

――勉強せざるをえない環境に追い込むということですね。しかし毎回準備万端で授業に臨むのは大変だったのでは?

対話式の授業が多いんですが、そこでの発言が的外れだったり、指定された予習内容を踏まえてなかったりすると、クラスメイトに「あの人は勉強していない」って思われてしまうので必死でした。「仲間が頑張ってるから自分も」って考えられるのも、独学とは大きな違いだと思います。

――正直ですね。綺麗ごとじゃなく、そう思う部分は人間らしいですよ。でもレポート提出とか、試験はプレッシャーになりませんでしたか?

Kさん

独学ですとレポートを書いても人に評価をしてもらうことはほとんどないと思うんですが、学校なら先生に評価してもらえるので緊張感を持って取り組めました。

――業務とかけ離れた勉強もあったと思いますが？

たしかにその時には関係ない内容もあるんですが、その後別の部署に属したとき必要になるなと思えたものは多くありました。実際、組織の力学などは今になって役立ってきています。

――話を聞いてますといいことばかりですが、辛いことはなかったんですか？

いやいや、勉強が辛い時期もありましたよ。でも仲間と一緒にやっていくことが大変励みになりました。みんな経験豊富なので、会社で困ったことがあった時にも相談に乗ってもらいましたし。

――ビジネス・スクールでの経験から、お金では買えない

大事なことも得ることができたんですね。

その通りです。あらゆる事柄で視野が広がりました。私は理系の大学院を卒業したので、お金や組織、マーケティング、会社の仕組みを全く知らずに働いていましたが、ビジネス・スクールに行って新しい知識が入ってきたことで、会社全体のことも理解できるようになってきていますし。よく言われる言葉ですが、一つの世界に留まらずに外に出て行くことはいいなとあらためて感じています。

それぞれが持つ知識や経験を学びあう

山本英樹さん

国立大学法人九州大学　特任助教
（入学時28歳）

総合商社を経て現職。09年3月にQBSを修了。現在は九州大学にて産学連携の促進に従事し、大学発の商品が世に出ることを夢見ている。福岡市在住。

後藤：お勤めの九州大学知的財産本部の技術移転部門にはビジネス・スクールの教員も携わっていたりしますが、もしかして先生の勧めでビジネス・スクールに入学したとか？

山本：たしかに直属の上司はビジネス・スクールの准教授ですが、勧められたからではなく、同僚にビジネス・スクールを修了したものがおりまして、自分も学びたいと思ったんです。

――いい職場環境ですね。ところで大学の知的財産本部の前職は総合商社だったんですね。

そうなんです。医薬品の原料を日本から海外の製薬会社に売ってました。

――そこからの転職というのはどんな理由だったんですか？

もともと総合商社に入社した時点で産学連携に興味を抱いてまして、大学の技術を産業界に移転することは商社でも出来るんじゃないかと思ってたんです。ところが、実際働いてみたら、商社の事業モデル自体が長期的な研究開発を経て収益に結び付くモデルには合わないと感じまして、商社を離れて産学連携の技術に近い大学で働こうと考えたんです。

――商社だとできるだけ短期で利益を上げなきゃということもあるでしょうからね。ところで、産学連携の技術移転部門でのお仕事でしたら、授業の内容が即実践の場で使えるんじゃないですか?

今やってる仕事自体が大学の技術を活かして製品を作っていくことではありますが、直接的にすぐ「ここで使えるぞ」っていうことは今のところ見出しにくいですね。MOT(技術経営)は企業の手にゆだねられるところなんですが、今後、ベンチャーを起業するなど事業化に関わることになれば、身につけた技術経営の知識を活かしていく場面が出てくると思います。ビジネス・スクールではそれを学ぶことができましたから。

――大学内で仕事をして、そのあと同じ大学内に通学するっていうのはどんな感じなんですか?

平日の夜に授業がありますので、仕事を終えてからレポートや宿題をこなしていくのは、学内にいるとはいえ、やはり簡単ではなかったですよ。

――それはそうですよね。しかし、そう話している山本さんの笑顔から想像するに、楽しみながら

山本英樹さん

こなしてたんじゃないですか？

そうですね。学生のバックグラウンドも様々ですし、更にそれぞれの会社の中で主要な仕事をしている方々ばかりなので、授業中や授業以外のいろんな場面で、知識や経験などを吸収することが出来るのは大変有意義でしたからね。

――仕事をしながら勉強するのは本当に大変だったと思いますが、難局を乗り切るにはどんな思いを持ったらいいでしょうね？

ビジネス・スクールに通うことで言えば、仕事と授業を両立できるのかを考えすぎずに、まずはやってみようという思いですね。私の場合は、やる前に「だめかな」と思うのではなく、「トライする」、「チャレンジする」という気持ちを大事にしました。

いつか中国と日本の橋渡しを

張　碩秋さん

新東方学校海外部　教師
（入学時22歳）

ＱＢＳを修了後、現職。大学院では企業価値分析に関する研究を行った。

後藤：日本語がペラペラですねえ。

張：いえいえ、まだまだです。

――日本は長いんですか？

五年目ですね。初めは福井県に住んでいたんです。私の故郷と福井県は姉妹都市の関係で、それがきっかけで高校を卒業してから交換留学生として、福井県の大学で四年間勉強しました。

――なぜ九州大学のビジネス・スクールに挑戦してみようと思ったんですか？

九州大学のビジネス・スクールはアジア志向で、アジアの留学生にとっては勉強するのにとてもいい環境が整っているということを知ったのがきっかけでした。実際に入学してみて、国際観に溢れていることや、アジアでの実務経験を持つ教授がたくさんいらっしゃることがわかりました。

――ほとんどの学生が仕事をしながら通っていて、職務経験者ばかりですが、学部を卒業してすぐの張さんにはどう映りました？

皆さん立派だなと思いましたね。クラスで議論する際も皆の意見は大変勉強になりました。社会に出て仕事をした経験がない私にとっては貴重な経験でした。

――大学の学部との違いはどんなところですか？

授業のレベルが高いのはもちろんですが、クラスメイトのほとんどが社会人なので、今までの学生同士や友達と話をするのとはちょっと違いますね。

――言葉遣いも学生時代とは変わるでしょうし、社会人ってこういう感じなんだなぁというのがよくわかるでしょう。

それと、プログラムが多種多様で、例えば、具体的に自分たちで調査をするというのは印象的でした。

――日本での生活はいかがですか？

張　碩秋さん

一番に思ったのは、道路の幅が狭いということです。

――中国は道幅が広いですもんね。

それと、福岡は賑やかだし、かなり国際的で、都市と田舎の両方を持ち合わせている印象があります。

――そうですね。中心市街地からちょっと行けば、海も山もありますもんね。食事で苦労したことはないんですか？

それがあまりないんです。すぐ慣れたというか、中国とあまり変わらないような気がしています。

――同じアジアで隣同士の国ですからね。それにしても、若くして中国からやってきて日本の大学を卒業し、経営学修士も修了するとなると夢が膨らみますね。

まだ具体的ではないんですが、将来は学んだ知識を活用できる仕事がしたいですね。それともう一つ、これも分野は決めていませんが、中国と日本の橋渡しになるようなことができたらいいなと思っています。

第7章　受験・学生生活

入学した人たちとＱＢＳとの出会いは
どのようなものだったのでしょうか？
また、入学後の生活は？
社会人学生たちのリアルな生活の一端を
窺い知ることができます。

家内の一言で始まったＭＢＡ取得への挑戦

矢野広幸さん
三菱化学株式会社
日本化成株式会社（出向先）黒崎工場
生産管理室　グループマネージャー
（入学時39歳）

94年三菱化学株式会社入社。07年から現所属へ出向中。プロダクションエンジニアとして活躍する傍ら、社会人学生としてＱＢＳにてＭＯＴに関する研究を行う。福岡市在住。小学生２児の父。68年生。

後藤：矢野さんはビジネス・スクールの存在をどうやって知ったんですか？

矢野：生産管理室というセクションに所属していた時、人や組織をマネジメントする立場に立たされて、その難しさと格闘してまして、家で家内にその悩みを話していたんです。そうしたら、家内がある大学のＭＢＡに関する広告チラシを持ってきて、「今のあんたに必要なのはこれなんじゃない」というようなことを言われましてね。

矢野広幸さん

——奥様の勧めでしたか。その悩みは、MBA取得のためのビジネス・スクールで解決できそうだったんですね。

そうですね。私が担当していた事業部が、私の会社の子会社に事業を分社化するという事業転換がありまして、分社化の理由として、子会社の経営を立て直すために収益性の高い事業を投入することと、分散した事業を集約して、コスト競争力を高めるといったようなねらいがあったんです。当時の私は経営に関して全く無知で、経営者の下した判断に従って行動するのみだったんです。そういったことをきっかけに、製造業において実際に物を作っている我々が、事業のポジショニングや将来像をもって事業継続や事業の転換に関して意見できなければならないと思いました。

——試験までの準備は順調にいきましたか?

出願まで二ヵ月しかなかったので、必死に課題論文や研究計画書を準備し、その間に会社の人事等に相談もして。でも何とかできるものですね。

——さっそく仕事に役立っていることはあるんですか?

例えば経理監査ですね。公認会計士の先生方と一緒に私が対応しなければいけないんですけど、その時に、アカウンティングの授業で習ったことが役立ちました。

——奥様に言われてビジネス・スクールに行って、間違いなかったですね。

もちろんです。いろいろな職種の方と、ざっくばらんに話が出来るところもいいですね。四〇歳になってもこんなにたくさんの友達がいっぺんに出来ましたし。私は、朝、会社の門を入ると夜まで一切外に出ないという生活を入社以来一五年以上続けてましたので、そういう意味でも世界が広がりましたね。

——ビジネス・スクールとは、一言で言うとどんな場所なんでしょう?

自由な時間が減りますが、それ以上に、非常に価値がある知識の宝庫だと感じております。

——学びを活かした今後の目標は何か考えていますか?

製造側から事業部に対して、経営について様々な意見を提言できるように、知識や洞察力、人間性を含めて様々なことを身に付けて、技術経営に関するスキルを習得し、将来的に事業発展などの方向性を判断できるようになりたいですね。

気付きの連続だった…

渡辺　晶さん

株式会社三越　福岡店　営業統括部
ギフト担当　マネジャー
（入学時37歳）

神戸学院大学法学部卒業後より現職。大手百貨店で法人営業、販売、営業推進を経験。勤務する傍ら、2年間QBSに通い、08年MBAを取得。大野城市在住。休日は妻と畑仕事に勤しむ。68年生。

後藤：百貨店で経営学に関連する学びというと、単純にマーケティングを想像するんですが…。

渡辺：私の場合はそれだけではなかったんです。一つの会社に長く勤務しておりますと、どうしても経験則だけが増えていって、次第にその経験値に依存しているなぁと感じ始めまして。特に自分が責任ある立場になっていく中で、このまま経験則で話をしていて相手に伝わるんだろうか、お客さまにいいサービスができるんだろうかと疑問に思ったんです。そこで、専門的な理論を構築しようと、ビジネス・スクールに挑戦したんです。

渡辺　晶さん

——出願前から学びたいことがかなり明確になってましたね。

ただ、勉強することからだいぶ離れていたものですから、入試に向けての論文を作るにあたって、まず「自分って何なんだろう」、「自分にできること、できないことって何なんだろう」って考えていきました。

——自己分析ですね。

はい。しかしながら何をしていいか分からず、一番初めは通信教育で小論文の書き方を学びました。

——既にそこから勉強が始まっていたんですね。そして書き上げた論文の内容はどんなものだったんですか？

まずは一緒に働く仲間たちと良いチームを作るにはどうしたらいいか。そしてそのことがお客さまに伝わるにはどうしたらいいかということですね。その他マーケティングや財務、組織のことを、百貨店という業種としてどう考えていったらいいかをまとめました。

――面接はいかがだったんですか？

私の書いた内容について様々な視点から根掘り葉掘り聞かれまして…。ただ今振り返りますと、論文を書いた時点で自分の分析がしっかりとできていたので、思ったほど困難に感じなかったような気がします。もちろん緊張はしましたけどね。

――自分のやりたい方向性が具体的になっていれば、面接もおそれることはないんですね。それだけやりたいことがはっきりしていたら授業でも積極的になれるんじゃないですか？

私の業界に関係しているマーケティングや組織マネジメントはもちろん興味深かったですし、それ以外の授業も新鮮で驚きの連続でした。

――仕事へのいい影響はありましたか？

それまで自分の視野は二〇度から三〇度くらいだったんですが、一八〇度、いや三六〇度にわたって世界があることを痛感させられました。マーケティングについても一つひとつの事例を理論の中に取り込んで考えられるようになって、以前に比べて、自分の考えがぶれずに周囲に伝わっているのではないかなぁと思います。

——ビジネス・スクールも各大学によって様々な特徴がありますが、九州大学はいかがでした？

コンソーシアムという制度がありまして、私は実践臨床心理学の産業組織臨床心理学特論という授業を取りました。簡単に言いますと、一緒に働く仲間達が感じている悩みなどをどうすべきかということで、労働が絡むうつや自殺の問題を学びました。

——これも組織マネジメントに関係することですね。それにしても充実した学生生活を送りましたね。

そうですね。同級生も多種多様な業界に所属してまして、彼らと真剣に語り合うことは気付きの連続でしたし、私のような小売業、サービス業に携わる人が経営学を学ぶことで、これまでとは違った角度からも消費者の皆さんへよりよいサービスを提供することにつなげられると実感しています。

MBAがどのように役立つのかもわからなかった

田村圭志さん
株式会社 福岡リアルティ 企画部
マネージャー
（入学時29歳）

SAPジャパン株式会社を経て現職。前職では、小売業や金融機関向けの会計ソリューションを担当。福岡リアルティでは、運用部にてキャナルシティ博多の運用を担当後、現在は、企画部にてIR・広報を担当。

後藤：入学した頃は、今と違うお仕事をなさってたんですね。

田村：当時は外資系のIT企業で企業への経営管理システムの提案やコンサルティングをやっておりました。経営管理の提案をするなかで、自分の知識が偏ってるなと思いまして。財務会計以外にも、管理会計、人事管理や経営管理のスキルも必要になってきますので、そういったものを一度体系立てて勉強したいと、ビジネス・スクールに挑戦したんです。

――大変ハードなお仕事ですが、学校との両立はいかがでしたか？

夕方六時半から最初の講義が始まるんですけど、その時間までに仕事を終わらせるのが無

田村圭志さん

理なほど忙しかったので、一旦仕事を中断して大学で講義を受けてきて、また会社に戻って一〇時半過ぎから残りの仕事を続けるということを繰り返していました。

――単純な疑問なんですが、出張が頻繁にあるビジネスパーソンは授業をどうしてるんでしょう?

私の場合も、頻繁に東京、大阪への出張がありましたが、大抵日帰りしてました。

――今の時代、飛行機でひとっとびとはいえ、きつかったでしょう。

その期間が、二年間だけと思えばやれるものですね。

――そこまでして学んだことが、すぐ仕事に活かされると救われますね。

ちょうど当時の仕事で大手企業へシステム提案をする際、SOX法への対応がトピックとしてあり、コンプライアンスの講義がすぐ役立ちました。

――ビジネス・スクールで学んでみると、いろいろな野望もでてきたんじゃないですか？

私の場合はビジネス・スクール卒業後に今所属している会社に転職しました。東証に上場するJ－REITである福岡リート投資法人の資産管理運用業務を手掛ける会社です。福岡リート投資法人は、キャナルシティ博多やパークプレイス大分、サンリブシティ小倉等の商業施設を中心とした資産を所有しており、商業施設の運用管理を実践することにより自分の実力を出していきたいと転職したんです。

――学んだことが存分に活かされるお仕事なんですか？

ファイナンスのスキルの他、自分が担当した物件がキャナルシティ博多でしたので、商業不動産のマーケティング戦略などにも活かせています。また、コンプライアンスという側面も金融商品で強く求められておりまして、そういったところの考え方にも活用しています。

――田村さんにとってビジネス・スクールは期待通りのものでしたか？

正直言って、始めはＭＢＡがどのように役立つのかもわかりませんでした。そして在学中はスケジュール管理がうまくできるのかという不安もありました。しかし、やり通した末に得られたものが相当あったことは間違いありません。

あぁ、一日は二四時間あるんだ…

杉本将隆さん
西日本鉄道株式会社　ＩＣカード事業部　係長
（入学時33歳）

慶應義塾大学総合政策学部卒業後、西鉄入社。直近5年間はICカード「ｎｉｍｏｃａ」事業の発案から商品開発、事業戦略、提携戦略を担当。中小企業診断士。1級ファイナンシャル・プランニング技能士。74年生。

後藤：杉本さんが携わっている事業、西鉄のＩＣカード「ｎｉｍｏｃａ（ニモカ）」は福岡の方にだいぶ浸透してきましたね。

杉本：そうですね。使えるお店も増えて、地域マネーとして使い勝手がよくなってきたのかなぁと感じております。

――このプロジェクトは、どのようにスタートしていったんですか？

最初は気の合う仲間とアフターファイブに勉強会を始めました。それから経営の上層部に

杉本将隆さん

提案をして、組織になったんです。

――ICカード事業の立ち上げと、ビジネス・スクールの入学時期が重なっているようですが？

そうなんです。寝る間もないほど仕事をやっていた時に入学しまして…。ビジネス・スクールがどれほど大変なのかを知らなかったこともありますが、ICカードのサービスがいよいよスタートするという節目に、私自身も飛躍したいという想いもありました。

――仕事と学校の両立はいかがでしたか？

「あぁ、一日は二四時間あるんだ」と感じたことがよくありました。会社を夕方六時過ぎに出て学校に行き、授業を受けた後、夜一〇時くらいに会社に戻って午前二時か三時頃まで仕事して。そのあと会社の同僚と一杯飲んで帰るんです。そしてまた数時間後には出勤するということになるので、自宅は寝るだけの場所になってました。

――どんなに忙しくても飲み会にはしっかり参加してたんですね。それが大事なところですもんね。

しかしそんなハードワークと引き換えに得られたものは大きいんじゃないですか？

優秀な教授陣も含めて、仲間との出会いは一番大きいですね。それらを通して得られたネットワークも大きな糧です。

――今後の目標は？

市場価値の高い人間になりたいと考えています。当面で言いますと、西鉄のＩＣカード「ｎｉｍｏｃａ」が地域の皆様の生活に浸透するように、地域通貨としての地位を確立させていきたいと考えております。

――ビジネス・スクールに通うことの意義をどんなふうに感じていますか？

特に地方のビジネス・スクールには、その地域を活性化したい、その地域で新規事業を起こしたいという志を持った方が集っていますので、そういう人たちが顔を合わせて切磋琢磨するのは大変有意義なことじゃないかと感じています。

「やろう」という思いがあれば

伊坂公男さん

田辺三菱製薬株式会社　営業本部
（入学時33歳）

田辺製薬株式会社入社後、現職。薬学修士。薬剤師。福岡市在住。1児の父。大阪市出身の73年生。

後藤：所属部署が営業ということで経営学に興味を持たれたんですか？

伊坂：実家がプラスチックの製造加工工場を経営しているので、家業を継ぐことを考えたり、今後のキャリアデザインについて悩んだりした時に、たまたまビジネス・スクールのホームページを見つけたんです。

――たまたま見つけたとはいえ、実際に願書を出願するにはやらないといけないことがありますから、やはり強い意思があったんでしょうね。

そうですね。自分の中に「やろう」という思いがあれば、仕事の合間でも考えることはできました。

——入学が決まってから、仕事と両立できるのかなって不安に感じることはなかったんですか？

万が一学校のことで業務に影響があったらどうしようかなと悩みましたが、上司に報告したら好意的に受け入れてもらえました。

——何かに向けて頑張ってる人を見て「応援しない」っていう人はそういないですしね。

そうだと思います。ですから、ビジネス・スクールに行ってみたいけど、仕事に支障をきたすんじゃないかってためらっているなら、「入学する」という既成事実を作ってから上司に話してみるのもいいかなと思います。もし「協力できない」って言われたら、その会社で自分はどういう役割なのかを考えるきっかけにもなりますからね。

——どう転んでも前向きに考えられてたんですね。で、学んだことは実際の仕事で活かされてますか？

テストの代替としてレポートの提出が多かったんですが、そのおかげで、文章力と論理力がかなり鍛えられました。ですから、会社で提案書を書くことが全く苦じゃなくて、ビジネスの力がアップしているような実感があります。授業内容も今まで読んできたビジネス書より数段楽しいですしね。

伊坂公男さん

――印象に残っている授業は？

ベンチャー企業論の授業でいらっしゃったゲスト講師の方が話した「アントレプレナーとは会社を立ち上げることが全てではない。企業の中にいてもアントレプレナーシップを発揮できる」という言葉が大変心に残りました。

――企業に所属していても、新しいアイデアを提案してビジネスを展開できますもんね。

そうです。私は今後のキャリアについて悩んでましたので、とても勇気付けられた言葉でした。話を聞きながら、以前本で読んだ、「キャリアは短距離走ではない。マラソンのようなものだから、じっくり駆け抜けるべきだ」というくだりを思い出しまして、ビジネス・スクールに入学したことで、自分の目指す方向が少し見えてきたかなと思っています。

――一人の人間としてのキャリアと同じで、ビジネスでの

キャリアも長い時間かけて成熟させていくってことですね。

そうですね。三〇歳あたりになると壁にぶつかるという話を聞きますし、私もそうでした。このままでいいのか？　新たにチャレンジするべきなのか？　そのヒントは、もしかしたらビジネス・スクールで見つかるかもしれません。

限界を決めてしまっていた過去の私

加藤雅子さん
通信会社勤務
（入学時26歳）

大学卒業後、03年大手通信キャリアへ入社。支店販売部・代理店営業、本社秘書室・社長秘書、総務部・採用育成を経て、現在は、通信サービスの企画に携わる。東京都在住。80年生。

後藤：入社四年目の二〇代半ばでビジネス・スクールに興味を持つというのは、日本では早いほうですね。

加藤：入社して最初の三年間は、地方の支店で代理店営業をしておりました。部署を異動して今は秘書をやっていて、経営者の側にいるようになったんです。ときおり上司から経営についてのいろんな話を聞かされるんですが、その話についていけない自分にもどかしさを感じたりするうちに、「経営」に興味を持ったんです。

——決断、行動が早いですね。

私の会社は二年から三年でジョブローテーションするので、次の異動はおそらく秘書とは全く異なる部署だと思います。そこで、ただ秘書をやって二、三年過ごすのは物足りないというか、自分が会社にとって価値ある人材になるにはどうしたらいいかも考えていました。

——本当に志が高いですね。自らの判断で前へ前へと突き進んでいる印象ですが、ビジネス・スクールに入って刺激を受けて考え方が変わったなんていうこともあるんですか？

刺激はかなり受けましたね。ビジネス・スクールを受験しようと思ったのが入社四年目に入った時で、その頃、入社して三年で会社を退職する社員が多いという話をよく聞くようになったんです。私もそうでしたが、入社三年目辺りで自分に迷いが出てきたり、入社した時に持っていた志を忘れてしまったりすることってあると思うんです。私の場合は「将来自分はこのくらいにしかなれないんじゃないか」と、限界点を自分で決めてしまっていたんですが、ビジネス・スクールに入っていろんなところで活躍している方の話を聞いた事で、目の前に道が開けた気がしてきまして、もっとできるんじゃないかと考えられるようになったんです。

——これは大きな変化ですね。

加藤雅子さん

はい。その他にビジネス・スクールに入って良かったことの一つとして、これまで気がつかなかった自分の会社のいいところ、また悪いところが見えるようになったことですね。

――入社して五年が過ぎた二〇代後半で、ここまで広い視野で物事を見ることができる社員はそういないでしょう。ところで、加藤さんと同じくらいの年のご友人は日々をどんなふうに過ごされてます?

ちょうど二〇代も後半でお嫁に行きたい年頃ですから、そういう話はよく出ますね。あっ、わたしも諦めているわけではないんですよ。

――いくつになっても諦めることはないでしょう。

あとは旅行や買い物に行ったり、エステに通ってみたり。そういったことにお金を使って自分を磨くこともあるでしょうし、私はビジネス・スクールも自分磨きの一つだと思っているんです。結婚に向けての準備の時間をゼロにすることはできませんが、それを半分にしてでも、ビジネス・スクールは行く価値があるなあと思っています。

——それにしても、どうやったら加藤さんのように前向きな考え方が生まれてくるんでしょう？

私も最近になって「やってみれば何とかなる」と思えるようになったんです。ビジネス・スクールの先生、先輩、仲間から、毎日のように目の覚めるような話を聞けていることがそうさせてるんだと思います。

第8章　支えてくれる人たち

二年間にわたる仕事と学業の両立は、
それを支えてくれる人たちの
存在なくしてなしえません。
多くの修了生が、周囲の理解とサポートへの
感謝の思いを口にします。

まずは自分のためでいいんじゃないかと思うんです

重松友岳さん

福岡県内大手企業
（入学時30歳）

工学部卒業。福岡地場企業勤務。入社後一貫して技術畑を歩むも、ファイナンスに興味を持ち、入社8年目にQBSへ。Devil's Advocate な性格。趣味はワインと読書。福岡市在住。5歳と3歳の2児の父。75年生。

後藤：重松さんは理系の学部を卒業して、技術系のお仕事をされてますけど、経営学修士にはどうして興味をもたれたんですか？

重松：一言で言って「視野を広げたい」という理由だったんです。それとファイナンスに興味があったんです。

――仕事に活かしたいということではなく？

仕事でも活かせるだろうなとは考えましたけど、「好きなことをすることで仕事もプライベートも充実する」という個人的な考えがありまして、それで好きなことをやろうと思ったんです。

――ファイナンスへの興味はどこからきたものなんですか？

私がビジネス・スクールに入学した当時は、ライブドアや村上ファンドといったファイナンス系の話題がかなり世間をにぎわせていた時期なんですね。その頃からM＆Aという言葉もよく聞かれるようになりましたが、いったい企業価値ってどうやって決まるのかなという素朴な疑問があったんです。数字では出るんですけど、その中には人がいてビジネスがあって、日々動いてるわけですよね。それに値段を付ける人がいるという世界にものすごく興味があったんです。

――今やっている仕事と関連がないのに、時間を割いてお金をかけて勉強したいと思えるのがすごいですよ。で、期待に胸を膨らませて通ったビジネス・スクール生活はどんなものでしたか？

そこには、私が経験したことのない世界がありました。これまで出会ったことのない、業種も違う、志向性も全然かみ合わないけどユニークな仲間と仲良くなり、大変多様性に富んだ場所でしたね。私の一番得意な飲み会でわいわい楽しくやり、日付が変わるまで語り明かしました。

――そういう所から学ぶものもたくさんありますね。

そうですね。ビジネスはお金、モノ、そして人ですから。中でも人が動かしているという側面を忘れないようにしたいですね。だからコミュニケーションが重要だと思っていろんな方とお話しをしました。

――「大変だったことはなかったのかなあ」ってくらい楽しそうに振り返りますね。

いや、大変なこともあったんです。入学当時に一歳の娘がいて、その後すぐに二人目が生まれまして。妻が一番きつい時に一人で二人の子供を見させてしまって。

――それって重松さんが大変なんじゃなく、奥様が大変なんじゃないですか。

ええ、まあ。夜は旦那が帰って来ない。手伝いも全くしないというような感じで…。

――その頃のこと、奥さんはいま何ておっしゃってますか？

「二年間よくやったね」って逆に褒めてもらってます。出来るだけコミュニケーションをとろうと努力してたんですよ。共通の趣味であるワインを二人で飲んで話をする時間を持って、妻にもちょっとストレス発散をしてもらいました。

――いやあ、奥様には頭が上がりませんねえ。ところで、重松さんは現在も独学で勉強されてるということですが、何かやりたいことや目標があるんですか？

勉強は一生続けていこうと思ってます。目標はありますが、それは通過点に過ぎませんし、次へ進んでいくためのステップでしょうね。そして、あくまで私の持論なんですけど、何事も世のため人のためと考えがちですが、まずは自分のためでいいんじゃないかと思うんです。自分の好きなことをやっていった結果、どこかで評価されたり認められたりということもありますから。

感謝の気持ちが前進させる

田邊明宏さん

パナソニック コミュニケーションズ(株)
調達・ロジスティクスグループ
グローバルロジスティクスチーム 主事
(入学時37歳)

総合商社、海外(カナダ)勤務、医療機器メーカーを経て現職。家族と福岡をこよなく愛す。福岡市在住。69年生。

後藤:ビジネス・スクール入学の前後にいくつかの会社を経験されたんですね。

田邊:はい。最初は総合商社で、海外から資材を輸入する仕事をやっておりました。海外には六年ほど赴任していたのですが、その時あらためて日本の良さに気付き、今度は、日本から海外に何かを発信していきたいなと思うようになったんです。私は九州の生まれなので、特に九州発で何かしたいと考えました。

田邊明宏さん

――海外から日本を見ていたからこそ思うことってあるんでしょうね。日本に戻ってきて九州のビジネスの可能性はどう感じましたか?

大阪、東京、そして海外で働いてきましたので、そういったビジネスの最前線とはちょっと違うところがあるなと思いました。しかし、生まれ育った好きな場所で仕事や生活ができて、その中で何かを世界に向けて発信できることは自分にとっては素晴らしいことだと思いました。それと、九州大学のビジネス・スクールに入学した後は地元のいろいろな方と出会う事ができて、九州発のビジネスにますます興味が出てきましたね。

――ビジネス・スクールでの学びの効果は仕事においてどんなふうに実感していますか?

これまでの職務経験で身についた知識が点として

存在していたのが、一つの線になってつながってきましたね。それから、今まで感じなかった部分、知らなかった部分まで視野が広がってきて、プラスアルファの力がついてきた感じもします。

――得るものは大きかったということですね。

はい。得たものといえば、一番大きいのは同級生ですね。

――といいますと？

一学年に四十数名在籍しておりまして、学生のほとんどの方が社会人ですから、最初は名刺交換から始まります。そして、その後は通常のビジネスでのお付き合いとは全く違う関係になっていくんです。バックグラウンドも年齢も違いますが、苦しい状況を一緒に過ごして来ていますので何でも話せます。自分の悩みを聞いてもらって解き放たれていくこともありましたね。時には終電過ぎてもディスカッションし続けたり。まさに、同じ釜の飯を食った仲間ですね。自分にとって同級生の存在は大いにプラスになっています。

――そんな仲間が存在するだけで心強いですね。

はい。それと忘れてならないのが、協力してくれる人に対する感謝の気持ちですね。会社の同僚や上司も、ちょっと忙しい時、学校を優先に考えてくれたりしたこともありました。

本当に感謝しております。そして、何よりも家族の協力がありがたかったです。入学してまもなく子供が生まれました。妻はそんな大変な状況のなか応援してくれました。おかげで勉強や読書など自分の時間がとれたと思っています。こういう経験を通じて、自分の中のみなさんに対する感謝の気持ちがさらに強くなりましたね。

——田邊さんのその表情から、心底ありがたかったと思っているのが伝わってきますね。

世の中、自分の力だけで回らないことってたくさんあると思うんです。ですから物事を進めるには周りの人の協力は必要不可欠です。困難な状況においても、そこで協力してくれている人にまず感謝の気持ちを表していけば、物事はうまく進んでいくんじゃないかなと思います。

——ビジネスにおいて周囲を上手に巻き込んでいくのは一つの術ですね。真っ直ぐ突き進んでいる印象の田邊さんですが、もし迷いが生じたときはどうするんですか？

少しでも興味があるなら躊躇せずに一歩進んでみます。それによって困難な状態になるかもしれませんが、それを乗り切れば自信につながると思います。

家族の理解があったから…

岩尾一豊さん

九州リアルエステート株式会社
代表取締役
（入学時30歳）

西日本シティ銀行、父親の経営する建設会社を経て現職。QBS卒業を契機に独立開業。現在は不動産の開発、流動化及び信託等の不動産事業を手掛けている。事業所は福岡市東区。3歳と2歳の双子、3児の父親でもある。

後藤：岩尾さんがMBAを取得したいと考えられた頃は、九州にビジネス・スクールはなかったんですね。

岩尾：実は九州大学にビジネス・スクールができるという時まで、MBAということすら知らなかったんです。それが、ある日父から新聞に掲載されていた募集のことを知らされて、そのあと自分で調べたんです。それまでは、全く興味もないようなことでしたから。

――その当時は何をなさっていたんですか？

岩尾一豊さん

父が経営している建設会社で営業をやっていました。

――ということは、いつか会社を継ぐために、経営の勉強をしたかったんですね？

ゆくゆくは、そうなるだろうと思ってＭＢＡを学んだんですが、自分で会社を設立してしまいました。

――お父様は何と仰ってましたか？

もともと「俺とは違う仕事をやれ」というのが父の口癖で、私の起業にも理解を示してくれました。今後も父とは協力しながら仕事をやっていくつもりです。

――振り返ってみて、印象的だった授業は？

理論的な話は正直いってあまり覚えてないんですけど、ビジネスの最前線を経験してきた教授やゲストスピーカー、経営者が話してくれた、この状況の時はこう考えてどう決断したという具体的な話は印象に残っています。

――実際にご自分で会社を経営してみて学びが役に立って

いると感じることはありますか？

「役立つ」とは少し違うかもしれませんが、今多くあるような建設会社というビジネスモデルのままでは、今後、成長していくのは難しいということを改めて気付かされました。それがあったからこそ、新たなビジネスモデルを考え、起業という新しい一歩を踏み出せていると思っています。

――会社を設立したこと自体が学んだ成果といってもいいかもしれないですね。

そうですね。それまでは父親のあとを継ぐことしか頭になかったものですから、新しい視点を持つことができて先生方には大変感謝しています。それと感謝というと、家族の理解があったから仕事をしながら学校に通えたと思っています。この場をかりて、ママと、めいちゃん、いっこう君、あいちゃんに感謝を伝えたいです。

――それは大きな支えですね。「頑張ろう」って思える根っこの部分でしょう。今後の目標についてはどんなことを考えてますか？

これまでは、こういうものを作ってほしいという要望を受けて進める仕事がほとんどでしたが、これからは、こちらがゼロから考えて、地域の人々にとって住みよい街をつくるといったハード面に関わる仕事をしていきたいと考えています。

出会ったみんなが心の支えだった

磯貝健哉さん
三洋ビル管理株式会社　不動産マネジメント事業部
コンストラクショングループ　マネージャー
（入学時37歳）

株式会社佐藤総合計画にて大型公共施設の設計業務に従事、ディベロッパーを経て現職。QBS在籍中にディベロッパーの経営破たんを経験。福岡市在住。小学生（流歌）と幼稚園（奏聖）の2児の父。71年生。

後藤：お仕事と学校の両立は率直に言っていかがでしたか？

磯貝：幸い両立できるような会社に転職しまして、会社には全面的に協力してもらいました。

――現在不動産業界にいらっしゃいますが、福岡とアメリカの大学で学んだのは建築だったんですね？

そうなんです。最初に就職したのは公共事業が得意な設計事務所で、一〇年ほど勤めました。東京の本社に三年、九州支社に七年、そのあと不動産業界に転職したんです。

――転職後にビジネス・スクールで学ぼうと思ったのはなぜですか？

不動産開発に携わりはじめたら、建築業界の時に知らなかった金融の知識にふれて、自分のスキルのなさを感じまして。その時ビジネス・スクールに在学していた友人に相談したところ、入学を奨められたんです。

――スクールでの体験が仕事においてすぐ参考になったことはありましたか？

それはかなりありましたよ。その会社はディベロッパーとして土地の売買もしてたんですが、同級生を通して不動産事情などを聞いたりアドバイスもして頂きました。

――ビジネス・スクールにはあらゆるバックグラウンドの方が集まってきますからね。ところで、磯貝さんがビジネス・スクールに通っていた真っ只中に、勤務していた会社が民事再生手続きに入ったそうですが、転職した職場でこれから学びを活かそうという矢先に厳しい展開でしたね。

それが、同級生に会社の清算や再就職についてアドバイスしてもらって、営業周りの際には私の履歴書を持っていってくれる友人もいて本当に心強かったです。結果的にはビジネス・スクールの先輩が役員を務めているビル管理会社に就職が決まりました。

――それは激動でしたね。

しかしながら、これまで企画、設計・建設を経験して、今は管理運営の仕事をしているので、建物に関するすべての段階を経験することになりまして、私にとっては決して後ろ向き

磯貝健哉さん

なことではないんです。これまでのスキルと学んだことを活かしてビジネスモデルを模索するという、新たな目標も掲げることができました。

――磯貝さんが不動産開発でこだわっていることは何ですか？

人の流れを作って街を変えていくことですね。

――立派なビルディングをたくさん建てればいいということではないんですね。何か熱いものを感じます。お話を伺っていますと、ビジネス・スクールへの熱い想いも感じますね。

ビジネス・スクールに行かなければ出会えなかったような人と一緒に勉強ができて本当に良かったなと、今あらためて実感しています。ビジネスの場であれだけ多種多様な人を集めるのは大変です。ですから別な見方をすれば、そういう人たちが集まっていることを企業の方々にもっと知っていただいて、ビジネス・スクールを活用してもらえたらいいなと思っています。

挑戦することで違う世界が見えてきた

H・Tさん

X新聞社　営業グループ
（入学時38歳）

70年、鹿児島生まれ。某国立大学を卒業後、バブルがはじけた90年代前半、X新聞社に入社。営業部、報道部など経験。08年QBS入学。趣味は温泉めぐり。野球歴9年、相撲歴6年。173センチ、92キロ。血液型A。

後藤：新聞社で仕事をしていてMBAを取得しようというのはどんな理由があったんですか？

H：以前、記者をしていた時代は仕事に拘束されることが多かったのですが、人事異動で営業にきてから業後の時間に少しゆとりが持てるようになったのです。そんな時にビジネス・スクールのポスターを見かけて面白そうだなと思い、ダメもとでチャレンジしました。それと、大学時代は教育学部だったものですから、経済の勉強はほとんどしておらず、今からでもいいからやってみようかなと思ったんです。

――部署が変わったばかりで慣れない営業の仕事をしながらの勉強はいかがですか？

現在、担当している営業エリアが広いので、授業に間に合うように朝早くから営業回りを始めて、授業開始前には何とかキャンパスに近づけるような順路を組んだりもします。

――工夫してますね。そういう中で授業の課題もこなさないといけないんですよね？

そうなんです。逃げても仕方がないので、腹をすえて、まな板の鯉のような状態で何とか頑張っています。

――授業内容を早速営業に活かしたということはありますか？

今のところ特にはないですが、自分が実際にやっている営業の戦略や手法を学校で改めて学問として学ぶことで、確認にもなるし、修正するヒントにもなると思います。

――「いい感触がつかめている」といった感じですか？

はい。これまでの人生で勉強が面白いと思ったことは一度もなかったんですけど、いま結構、勉強が楽しいですね。暗記力が落ちて、一回覚えても忘れるのが早いのですが、好奇心がアシストしてくれているという感じですね。ちょっと話がきれい過ぎましたか。

――「好奇心がアシスト」とは、さすが元新聞記者。上手い表現ですね。ところで、一緒に勉強している仲間たちの存在はどんなふうに感じていますか？

報道という狭い世界にいたことを気付かされました。同級生のなかには、若くして会社を切り盛りしている社長もいて、僕なんか遠く及ばないなあと感心させられたりもします。

――いい刺激がありそうですね。

そうですね。会社の中で自分がどうやって力になれるのかを考えたり、チャンスがあれば何かやってみたいという野心が出てきたり。

――Hさんの素晴らしいところは、部署異動で時間ができたからゆっくり過ごすのではなく、そのできた時間を、自分を向上させるための時間に充てるというところですね。

いやあ、もしQBSの試験に落ちていたら、いつものように酒を飲んで、寝て、生産性のない毎日を送っていたんじゃないかと想像しています。実は、最初、ビジネス・スクールはちょっと難しいかなあと思っていたんですが、家内から、「あんた逃げんじゃないわよ」って崖から背中を押されまして…。チャレンジしてなかったら、現状維持か、それ以下しかないですから。チャレンジすることで違う世界が見えてきました。やっぱり、チャレンジしなければ、何も変わらないし、何も動かないんです。

第9章　さらなる学びの場へ

QBSでの学びを通して問題意識を深め、
博士課程へ進学した人たちもいます。
進化するための場は、
様々に用意されています。

脳がしびれる…

金子信司さん

株式会社電通九州　営業推進局　所属
（入学時35歳）

ソニー株式会社を経て現職。広告会社に勤務する傍ら、社会人学生として九州大学大学院経済学研究院博士課程にて「競争力のある商品・サービス開発組織の構築」に関する研究を行う。68年生まれ。3児の父。

後藤：金子さんは広告代理店にお勤めですから、マーケティングを学ぼうと思ってビジネス・スクールに入学したんだろうなと想像するんですが。

金子：そうですね。入学当時はマーケティングを担当してまして、会社の先輩から「受けてみれば」というアドバイスがありました。それと、以前勤めていたソニーでのネットビジネス立ち上げで大きな失敗をしまして、その経験から、「成功できる能力を身に付けたい」と潜在的に考えていたんだと思います。

金子信司さん

――ビジネス・スクールの修了後は博士課程に進まれましたね。

もともとは勉強が嫌いだったんですが、ビジネス・スクールに行って、「勉強って面白い」と思えるようになったんです。それで、今度は何か一つについて深く学びたいと考えるようになりました。

――ビジネス・スクールを修了するだけでも大変だって聞きますが…。

たしかにビジネス・スクールは辛かったです。先生が入れ替わり立ち替わりやってきて、一〇〇メートルダッシュを何本もさせられているようで、生まれて初めて脳がしびれる感じを味わいました。でも決して不快ではなく、楽しいんです。対照的に博士課程は、一人ぼっちで走るマラソンのようです。

――研究のテーマは?

「コトバ」です。後藤さんのような言葉のプロの前で言うのも恐縮なんですが、簡単にいうと、「社内に豊かな言葉やそれを生み出す仕組みがあれば、その会社の業績は良いだろう」という研究なんです。文学の世界には、ラングとパロールという概念があって、ラングは「言葉の海」なんですが、「言葉の海が豊かだったら、その国や集団、会社の想像力が豊かである」という話があります。例えば極寒の地域に住む人々の中には、「雪」を表現する言葉がたくさんあり、また、俳句をする人は豊かな季語を用いて一つの季節を多彩に表現します。おそらく日常の風景の中でいろんな発見をしているんだろうと思いますが、それも言葉が豊かであればこそ見えてくるんだと思います。

——そのことがマーケティングに関連してくるんですね。

マーケティングの重要な要素の一つに、「お客様の心を考える」ということがありますが、心は見えないので難しいわけです。でも、心を表す言葉をたくさん知っていれば、お客様の心をより緻密に把握することができるし、その心を超えて行けると思うんです。例えば、「和やか」を、近い意味の別な言葉で「ほんのり」、「のほほん」、「ふんわり」、「ほがらか」と表現できる組織なら、繊細な商品やユニークな商品が生まれて来るだろうということです。

——マーケティングする組織にとって、コトバの豊かさは鍵になるんですね。ところで、話は戻り

ますが、ビジネス・スクールに行って良かったと思える点はどんなところだったでしょう?

卒業しても学校とずっと関わっていられるところですね。例えば、同級生に有田焼の窯元の次男がいて、有田焼の売れ行きが低迷しているので何か新しいことをやろうということになりました。そこで私の会社のデザイナーにも参加してもらって有田焼展をやって、有田焼の焼酎ボトルを作ったら、ニューヨーク、ロンドン、ベルリンなどで九つの賞を取ったんです。ニューヨークのADC*では銀賞がアップルのiPhoneで、金賞が有田焼の焼酎ボトル。ビジネス・スクールで得た人と人とのつながりが新たなビジネスを生み出していくことが多々あります。ビジネス・スクールライフは終わりなく続くというところが大変お得ですね。

*ADC(The Art Directors Club):一九二〇年にニューヨークで設立された非営利法人で、世界のデザイン・広告界から注目される権威ある団体。

夢と勇気とコミュニケーション

河原繁憲さん

ベトナム航空福岡支店　営業部長
九州ベトナム友好協会　事務局長
（入学時37歳）

電通九州を経て現職。学業（九州大学大学院博士課程）と社会活動（九州ベトナム友好協会事務局長）を兼帯し、三足の草鞋を履く。公賓として来日したベトナムのマイン書記長と会食し、九州との友好促進を約束。67年生。既婚。

後藤：河原さんがこれまで経験されてきた職種は多様ですね。

河原：最初に就職したのがインドネシアのガルーダ・インドネシア航空でした。当時はバリ島が今ほど有名じゃなかったんですが、これからバリ島が伸びていくだろうと感じておりまして、ここならいろんな意味でマーケティングができるんじゃないかと思ったんです。

――その頃のガルーダは、インドネシアと日本のどちらの空港を結んでたんでしょうか？

その時は東京だけだったんですが、当時私は営業を担当してまして、バリ島にどれだけお

河原繁憲さん（左）

客さまをご案内できるかというのが一番の仕事で、その後路線を拡張していきました。

――見事にブームになりましたね。

そうですね。赤ちゃんのよちよち歩きが始まったような段階から育てていく時の仕事っていうのは、非常に面白いんですよ。いま所属しているベトナム・エアラインも、まさに二〇年前のバリと同じ状況です。

――ベトナムも日本人には人気の場所だと思うんですけど観光客の伸びはいかがですか？

過去五年間で毎年二〇％ずつ成長しています。しかしベトナム戦争のイメージがあるなど、ご年配の方になるほどネガティブなイメージがありましたので、これを払拭するというのが大変な作業でした。

――イメージは大事ですね。しかしだいぶ変わったんじゃないですか？

ありがたいことに少しずつ変わってきました。毎回、イメージを変えるためにパブリシティ戦略を打ってまして、最近では体にもやさしくて美味しいベトナム料理がブームですよね。また、アオザイという服がすごくきれいですから、これらを表に出して皆様の興味を引くことをやっています。それから、ベトナムは世界でも指折りの治安のいい国と言われていますので、ここをクローズアップして紹介していくことで皆さんのイメージを変えるという作業をやっています。

――そのあたりは広告代理店での経験が活かされそうですね。ところでビジネス・スクールに入学しようと思ったのはどうしてだったんですか?

ちょうど広告代理店でマーケティング部に籍を置いている頃、様々な企業にコンサルテーションみたいなことをかけていました。ただ、企業が私の案を採用してくれたとしても、それが本当に正しいかどうかというのは証明できないんですよ。それを常々疑問に感じてまして、自分の実践してきたものと学校で学んだ理論をすり合わせて、うまくマッチングできればいいなと考えたんです。

――学びを通して何を得ましたか?

これまで提案してきた活動が概ね間違っていなかったというのが分かりましたし、広告代理店で唯一経験できなかったコーポレートファイナンスの勉強は目から鱗が落ちるような授業で大変役に立ちましたね。

——次々と新たなことへ挑戦していっている河原さんですが、今後はどんなことを考えていますか？

今まで経験してきたことを、失敗も含めて早めに若い人たちに伝えたいなと思っているんですよ。アカデミックのフィールド、または政治家も面白いかもしれないです。とにかく社会のために役に立つような仕事ができればと思っていますので。

——夢は広がるばかりですね。

夢がないと何も出来ないですし、勇気がないと前に進めないですし、そして夢と勇気があっても人とコミュニケーションしないと伝わりません。ですから私は「夢」と「勇気」と「コミュニケーション」という言葉を大切にしています。

行動することで不安を払拭

田中理絵さん

株式会社ゼンリン　事業開発本部　事業企画課
アシスタント・マネージャー
（入学時33歳）

福岡GIS営業部で営業として活躍する傍ら、社会人学生として九州大学大学院経済学研究院博士課程にて、自社の新規事業に関する研究を行う。卒業後、新規事業創業のために新設された部署に配属。東京都在住。

後藤：田中さんはいつ頃からビジネス・スクールの存在を意識し始めたんですか？

田中：社歴が長くなると自分で判断することが増えていきますが、その時の判断基準になる軸を自分は持っていないなあと前から感じていたら、ちょうど会社内の公募に目が向いたんです。

——そこから出願に行動を移すのがなかなかできないことだと思うんですが、入学試験を受けるまでにはいろいろな準備が必要なんですよね。

私の場合は時間があまりなかったので不安だらけでした。英語の試験は大丈夫なのかなあとか、出願した書類に書いたことを、面接で教授から質問された時に答えられるかなあとか。

――しかし見事合格して、いよいよ入学を待つばかりとなると、もう心配ないですね。

いやあ、通学することは想像もつかなかったので、仕事と両立できるのかという体力面での不安や、そもそも授業についていけるのかって思いましたね。ただ、同じビジネス・スクールに会社の先輩が在籍していたので、一日のタイムスケジュールだとか、どれだけ勉強しなければいけないのかってことは事前に知ることができました。

――そういう情報を少しでもわかってればね…。

ますます不安になって。

――えっ？　それじゃ不安ばっかりじゃないですか。

そうなんです。しかし実際に学校が始まってみたら、いろいろなバックグラウンドを持ったクラスメイトに出会って、自分の分からなかったことや視点の違いなど、様々な発見をすることができて、いい刺激を受ける日々です。

――それは安心しました。ところで田中さんは、新規事業について興味があるというのも入学理由の一つに挙げてますね。

そうですね。ビジネス・スクールにはベンチャー企業の授業もありますし、ゼミでは新規事業について研究していますので、着々とやりたかったことができています。

――それと冒頭で「判断基準となる軸を学びたい」って話してましたが、そちらはいかがですか？

授業を通して、判断のスピードを意識したり、企業倫理をシミュレーションしたり、大変有意義な学びができていると思います。

――授業以外でも何か活動されてるんですか？

例えば、中国の大学との交流をして、そこで自分たちとは全く違う考えの人と出会い、また授業で学んだことを、実際に実践してみるという場を与えられることもあります。それと、同級生から得るものも大変大きいですね。皆さん仕事をしながら勉強をしに来ているので、モチベーションが高くて。そういう仲間と話をしているだけで勉強になります。

――試験前から入学までの話では「不安、不安」と言っていた田中さんですが、今は目をキラキラ輝かせながら話してますよ。

いろいろ考え過ぎると不安ばかりになると思うんですけど、振り返ってみると、まず行動を起こしてみることだなって改めて感じます。

自らの希望に誠実でありたい

齊藤哲也さん

富士通株式会社
（入学時39歳）

現在、ITコンサルティングに従事する傍ら、社会人学生として九州大学大学院経済学府経済システム専攻博士後期課程にて、イノベーションに関する研究を行う。福岡市在住。

後藤：ＩＴ関係のコンサルティングをされる中で、ビジネス・スクールに入学したいと思ったのはどうしてだったんですか？

斎藤：私がビジネス・スクールを志す少し前に、弊社の二つのクライアントが産業再生機構から支援を受けている最中だったんです。私はその二社に対して様々な提案をしていたんですが、強く求められていた経営の改善については、知識が局所的なものに留まっていると感じまして、もっと体系的に経営を理解して、クライアントへ提案したり助言したりしないといけないと強く思いました。また、勤めて一六年となりますと、経験や価値観の中でマネジメントをしがちになりまして、自分の経験則だけで進めてしまうことへの限界と危険性をすごく感じていたんです。

――経験も大きな武器ですが、そこに理論が加われば鬼に金棒ですね。で、学んだことは武器になりましたか？

学んだというよりも、いろいろな経験をさせてもらったという言い方が正しいかもしれません。講義は学生と先生のディスカッションが大変重要で、ディスカッションをしていくためにはベースとなる知識を持っていなければなりません。しかしそこで必要な経営的な知識が、私には全くなかったんです。

――クライアントにコンサルティングしてきた経験があっても通用しないですか？

特に私の場合はファイナンスやマーケティングの知識が乏しかったんです。もちろん必要に迫られたのでひたすら勉強しまして、ある程度ベーシックな部分を整えて皆さんとディスカッションしていたら、これまでと違う視点から考えられるようになってくるんです。そうすると本質が見えてきて、「ああ、今すごい経験をしてるなあ」と実感するわけです。

――のめり込んでいって面白くなっていったんですね。

齊藤哲也さん

そうですね。またビジネス・スクールには多様な経歴の方が来られていますので、私の経験や知識では太刀打ちできないような幅広いレンジの話が聞けて大変勉強になりました。

――ビジネス・スクール時代の印象的な出来事は何ですか？

論文を書く過程で「イノベーション創出のメカニズム」という研究をしていたんですけど、それを学会に持ち込んで発表する機会を得まして、聴いていただいた企業の方やアカデミックな研究者の方などからいい反響と悪い反響を沢山いただいて、技術経営の分野は社会的に関心が高いことを再認識しました。

――卒業のための論文を学会発表するという経験はなかなかできないですね。

本当に貴重な経験をさせていただけたと思っています。

――授業で経験してきたことはお仕事でどう活かされてい

ますか？

実は活かすというところまで達していないと判断しまして、経営学修士を修了したあと博士の後期課程に進んだんです。

――まだまだ勉強したいものがあるんですね。

そうですね。自分が研究した中で作った理論の枠組みを、十分に自分の中で検証し尽くしたとは言えず、やり残した感がありまして。それで、このままで終わるわけにはいかないなと思ったんです。それから、先ほど話したように、ディスカッションなどを通じて深く思考していくことから新しいものが見えてくるんですね。そのプロセス自体が面白くて、これを今やめたら後悔するなぁと思ったのでもうしばらく続けようと思いました。

――議論っていうのは自分の考えを突き通すことだけじゃないんですね。それにしても、齊藤さんのように何事も前向きに物事を進めていくにはどうしたらいいんでしょうね？

私は自分の希望に対して、ただ誠実でありたいと思っているだけなんです。その望みを成し遂げるという信念を持って謙虚に取り組めば確実に実現できると思い、日々を過ごしているんです。

全てが重厚な学び

井上奈美子さん
筑紫女学園大学
学生支援センター学生課　係長

筑紫女学園大学、進路支援課係長・九州地区就職指導研究協議会事務局長を経て現職。学生スタッフ育成Pチーム研修担当。九州大学大学院経済学府博士課程にてキャリア教育を研究中。

後藤：井上さんの今のお仕事を伺った時、ビジネス・スクールの学びとすぐ直結しなかったんですよ。

井上：そうですよね。入学のきっかけは仕事が影響していたんです。私は過去に四千人近くの学生に対するキャリア開発に数多く取り組んできて、その中で九州地区就職指導研究協議会の事務局長時代には全国初の大学団体運営・就職サイトの立ち上げにも挑戦したんです。そうやって労働市場と大学との狭間で、学生自身の主体的学習意欲の醸成を目指すようなプログラム設計をしながら、企業様と共に議論する日々の中で、自己のキャリアステージを進化させたいと思って入学を決意しました。

――その進化は？

寝食を忘れるほどに勉強しましたから、先生方や仲間との日々はまさに緒方洪庵の適塾を連想させるものでしたね。机に伏せて寝ていたら朝になることもしばしば。

――具体的には？

自分の知を鍛えることができました。一つの企業を徹底的に分析し、内在する人材ニーズを掘り起こすことができるようになって、学生さんが納得する雇用機会を向上させることにもつながりましたし。すべてが重厚な学びでした。

――重厚な学びですか。たしかに教授陣も様々な分野のエキスパートが揃っていますもんね。

それも世界に通用するほどのレベルで、先生方のつながりで招かれた特別ゲストもトップマネジメント層でしたしね。京セラの稲盛会長や郵政改革を指揮した方ですとか、みずほ銀行の頭取だとか。そういった方々に直接指導してもらって、一緒に学ぶ仲間が質問をぶつけるという場面に自分が身を置くことは、本やネットでは学ぶことができない重厚な学びでしたね。

――仕事において成果としてあらわれたことはどんなことですか？

井上奈美子さん

卒業後すぐに自治体からの依頼があり、人材開発プログラムの構築をすることになったことです。それと、大学でも新たな取り組みとして、学生が自律的にキャリア開発を構築する学習組織のマネジメントを展開しています。学生が自律的に活動するとキャリア開発が自然と果たされるすばらしさを実感しています。今後もキャリア開発について大学教育と労働市場の視点から研究を積み重ねていきたいと思っています。

――まだまだ学びへの意欲が旺盛ですね。

これはビジネス・スクールが私に与えてくれた財産なのですよ。仕事のノウハウを教えてもらったのではなく、どうやって学ぶのかを教えてくれた効果ですね。実は、卒業した年に博士課程へ進むご縁に恵まれて、大学生のキャリア開発について研究しています。この分野では、マサチューセッツ工科大学スローン・スクール経営学名

誉教授　エドガー・H・シャイン博士やスタンフォード大学教育学・心理学教授　J・D・クランボルツ博士が著名で、今は理論に向き合うために毎日論文を読んでいます。何年も前の研究であっても現代に活きる理論は学びになります。

――最後の最後は自分で切り開かなきゃいけないということなんですね。

はい。私はこれまで数多くのキャリア相談を受けてきましたが「自分は何の専門なのか分からない」と悩む三〇～四〇代の女性が増えています。自分の専門を探求する方法の一つとして、ビジネス・スクールというステージを視野に入れてみて欲しいと思っています。

あとがき

日々、番組でニュースを伝えていると、どうしても暗い話題が多くなってしまう。特に、サブプライムローン問題を背景にアメリカの住宅バブルが崩壊し、世界同時不況へと発展した二〇〇八年秋以降は、「株価暴落」、「企業倒産」、「派遣切り」、「自殺者増加」などといった出来事を伝えざるを得ない状況だ。連日そのような時事を耳にすれば、人は不安になる。「真実を伝えることは報道の使命」ではあるが、朝一番のワイドショーを担当する者としては、一日をスタートする時間帯に少しでも明るい話題を提供したいと常々考えている。

人が何かに向かって努力しているという前向きな話を聞くと、清々しい気持ちになる。この本の元となっている福岡の民放FM局 cross fm の番組「モーニング・ゲート」内のコーナー「BBIQ モーニング・ビジネス・スクール」には、九州大学ビジネス・スクールの教授陣の他に、仕事をしながらビジネス・スクールで学ぶ社会人の方々にも度々出演していただいているが、放送後に番組へ届くリスナーからの感想は、社会人学生が出演した時に多い。それらの中に、後ろ向きに捉えた反応は見当たらない。人が夢に向かって頑張る姿、また、目標を見出すために苦しみながらも前進しようとする姿には、何かを訴える力があると感じる。

リーマンショック以後、「こういう時代だからこそ守りに入るのではなく、先を見据えて攻めよう」という話は、すでにいくつもある。巷に氾濫する自己啓発本も数知れず。しかし、この本は決して何かを提案するものではなく、登場していただいた五二人の皆さんが語った五二通りの人生をリアルに綴ったものである。成功者ばかりではない。多くの人が何かに向かう通過点だと話す。インタビューを通して、「一人ひとりにそれぞれの生き方があり、一つの型に嵌めることはできない」ということを再確認した。故に、「大人からの進化」にはおのおのに合った術《すべ》があり、そして大事なことは「『進化』を始める年齢がいくつからであっても、遅きに失することはない」ということだろう。

最後に、この書を出版するにあたりご協力いただいた、cross fm、九州電力グループのBBIQ、九州大学ビジネス・スクール修了生のコミュニティ組織QAN、また、編集にご協力いただいた九州大学ビジネス・スクール事務室の高橋久子さん、関係した全ての皆さんに、この場をお借りして厚く御礼を申し上げます。

編集者　後藤心平

大人《おとな》からの進化術《しんかじゅつ》 —— 九州育ちが強い理由 ——

2009年9月18日　初版発行

監修者　出 頭 則 行

編集者　後 藤 心 平

発行所　ＱＢＳ出版
〒812-8581 福岡市東区箱崎6-19-1
九州大学ビジネス・スクール事務室
電話 092-642-4278

発売所　㈶九州大学出版会
〒812-0053 福岡市東区箱崎7-1-146
電話 092-641-0515／振替 01710-6-3677

印刷・製本／城島印刷㈱

ISBN978-4-87378-997-2